DAVID DESJOUHIÈRES

DICTÉES

INTELLIGENTES

Pour apprendre l'orthographe avec des proverbes.

Nouvelle version 2021

Du même auteur

Ouvrages scolaires

Dictées intelligentes (pour apprendre l'orthographe avec des proverbes)
Le Théâtre à l'école (guide et recueil original)
Lire, réfléchir, s'instruire (exercices de lecture ludiques)
Apprendre les tables, c'est facile !
(mémento visuel pour les calculs de 0 à 100)
Apprendre à lire à cinq ans (Méthode de lecture)
Sauver la Terre – code EDL (une aventure pour étudier la langue)
Apprendre le bien-être aux enfants (à l'aide de trois contes)
Géométrie au cycle 2
Problèmes au cycle 2
Le vocabulaire au cycle 2

Nouvelles, essais

Quatre douzaines (48 nouvelles et autres récits)
Libres manipulations
_ (comment se jouer des mécanismes de notre cerveau)
Aurélius (piécette naïve)
Convergences (album réflexif)
Même chemin, autre regard (routine poétisée)

LES DICTÉES INTELLIGENTES

DE MAÎTRE DESJOUHIÈRES

INTRODUCTION

Faire des dictées ne sert pas à grand-chose. On n'apprend rien en écrivant des phrases qu'on n'a pas vues avant. En effet, soit on est bon en orthographe et l'on évite les fautes, soit on ignore les bases et l'on tombe dans les pièges. Dans le premier cas, on est fier, dans le second cas, on est humilié.

Dans ce livre, les dictées sont montrées, visibles. Il faut les regarder et les comprendre. Ce sont les bases que je vais vous apprendre et vous les répéterez au fil des dictées. Ce que je veux, c'est vous faire réfléchir, pour identifier les pièges et pour être capable de les expliquer. À force d'analyser ces proverbes, vous allez devenir autonomes car les mêmes règles apparaissent régulièrement, si bien que sans faire l'effort de les apprendre, vous finirez par connaître ces règles. Tel est l'apport de l'entraînement, dans tous les arts et pratiques (corporels, manuels et mentaux).

A QUOI SERVENT CES DICTÉES ?

- À comprendre les bases du français à l'écrit (grammaire et orthographe) et permettre ainsi d'éviter de nombreuses fautes.
- À améliorer la lecture car une meilleure maîtrise de la pratique de l'écrit est aussi un bon entraînement à la lecture.
- À réfléchir sur des phrases chargés de sens. Ces proverbes, choisis avec soin, permettent de faire ses premiers pas en philosophie et d'acquérir un peu de sagesse pour mieux vivre.

À QUI S'ADRESSENT CES DICTÉES?

- À des adultes (parents et enseignants) accompagnant **de jeunes lecteurs (dès la fin du CP, en CE1 et CM)**
- À des adolescents ou à des adultes ayant besoin de revoir et de consolider leur orthographe par une nouvelle méthode.
- À des étrangers qui souhaitent une méthode simple et efficace pour acquérir les bases de l'orthographe en français.

POURQUOI CES DICTÉES SONT EFFICACES ?

- Les proverbes ont été réécrits en choisissant chaque mot, chaque accord afin de rencontrer une variété de difficultés mais d'éviter ce qui est secondaire pour des élèves de primaire.
- Les proverbes sont utilisés depuis des années dans des classes de CE1 d'un quartier REP où les enfants ont des lacunes énormes en français. Les résultats en orthographe en fin d'année sont remarquables.

COMMENT S'ENTRAÎNER ?

- Chaque proverbe est travaillé sur une double page. À gauche, les questions ; à droite, les réponses et les explications.
- Commencez par lire le proverbe.
- Lisez les questions côté gauche. Cherchez les réponses. Vérifiez-les sur la partie de droite.

La méthode complète comporte 162 dictées. Les 108 dictées restantes sont fournies en fin d'ouvrage afin que vous continuiez seul à vous entraîner.

Avant de s'attaquer aux 54 premières dictées, il peut être utile de vérifier votre armement, c'est à dire tout ce dont vous disposez pour éviter les pièges semés par votre ennemi : Orthographe. Quand vous le connaîtrez mieux, il deviendra votre ami.

PRÉREQUIS

1) Vérifiez que vous savez lire ET écrire des phrases qui ne comportent aucun piège.

2) Lisez les rappels de lecture sur les sons EU, IEN, OIN et les lettres S, C, G

3) Lisez l'exemple des NOMBRES. Vous comprendrez un peu mieux les difficultés et les solutions proposées.

PREMIÈRE PHASE

Lisez la présentation des notions de base de la grammaire. Vous les assimilerez progressivement en étudiant les dictées.

DEUXIÈME PHASE

1) Entraînez-vous à trouver la lettre muette qui est à la fin de certains mots et à déjouer des pièges évidents.

2) Découvrez quelques astuces utiles pour choisir entre plusieurs façons d'écrire le même son (c/s, c/k/q, en/an, è/ei/ai/et, un/in/ain/ein, er/ez/é).

3) Apprenez quelques mots difficiles mais très fréquents ; ce sont les mots en gras.

TROISIÈME PHASE

Entraînez-vous avec les 54 dictées en mettant en pratique ce qui aura été vu dans les deux premières parties.

Les proverbes sont tous inspirés de proverbes réels mais reformulés pour adapter le vocabulaire et les accords à un début d'apprentissage.

Les dictées sont numérotées. Le numéro est écrit en lettres pour que l'orthographe des nombres s'imprègne plus rapidement. Les dictées sont classées par ordre de difficultés (nombres de pièges).

Comme dans tout autre domaine, vous ne retiendrez les régularités que par une pratique répétée. Votre cerveau consolidera les souvenirs si vous les revoyez plusieurs fois et si vous les associez à d'autres informations de façon cohérente.

REMARQUE SUR L'ORIGINE DES MOTS

Ne pas faire de faute, c'est savoir faire les bons choix pour éviter les pièges. En français, le question du choix se pose pour beaucoup de sons. L'italien et l'espagnol sont restés plus proches du latin, la langue des Romains. En français, nous avons déformé des sons clairs comme le A en « e », « è », « in », « an ». Le problème, c'est que ces sons ont plusieurs orthographes. Pour couronner le tout, des lettres muettes se sont glissées partout, on ne les entend pas, mais il faut les écrire.

Si l'on doit expliquer pourquoi le mot « main » s'écrit avec un A, on peut dire à un adulte que le mot vient du latin « manus », qu'en espagnol et en italien , on dit « mano ». A un enfant, on peut attirer l'attention sur les mot « manipuler » et « manuel ».

La langue française a conservé beaucoup de traces du latin. Par exemple, le verbe « être » qui est si étrange serait inexplicable si l'on ne connaissait pas le verbe ÊTRE en latin :

je suis	tu es	il est	nous sommes	vous êtes	ils sont
sum	es	est	sumus	estis	sunt

Un adulte et un enfant ont des forces mais pas les mêmes. Un enfant a une grande capacité d'assimilation, mais il maintient plus difficilement son attention, il a besoin d'être stimulé, motivé. L'adulte a l'avantage d'avoir des connaissances et des techniques acquises sur lesquelles s'appuyer et une volonté plus forte.

1) Test de lecture/écriture de base

- Lisez ces phrases.
- Demandez qu'on vous les lise (ou enregistrez-vous).
- Vous devez être capables de les écrire sans faute.

Nadia va voir si son bébé a fini de boire.
Elle retire une petite plume de sa poche.
Il y a une tache sur sa robe. Bravo !

Montre-moi un animal : boite ou lion ; fourmi ou savon; ours ou bonbon ; plume ou mouton ?

Samedi, le roi partira vite. Avec un vélo, un bus, une moto, une voiture, un avion, un métro ? Non, il montera son joli cheval noir.
Il trouvera un joli bijou sur le sable.

Le riche mari de Sonia a vu du judo à la télé.
Mardi midi, il a avalé une salade, une banane, une tomate et une poire.
Le soir, il a tapé sur le mur.

2) Rappels de lecture

- Le son EU comme dans :
un jeu – le feu – jeudi – jeune – un peu – un euro - seul – neuf – bleu - leur - la peur - une fleur

- Le son IEN (ne pas confondre avec EIN) comme dans :
bien – rien – le mien – son chien

- Le son OIN (ne pas confondre avec ION) comme dans :
un coin - loin – le besoin

- La lettre S se prononce comme le Z quand elle est placée entre 2 voyelles (A E I O U Y). Par exemple : « poi**s**on ». C'est pourquoi il faut deux S pour écrire : « poisson ».

- La lettre C (qu'on prononce « cé ») a un deuxième nom secret (on le prononce « ké »). Elle peut en effet faire CA-CO-CU (comme KA-KO-KU) mais aussi CE-CI comme (SE-SI). La fameuse cédille qu'on ajoute au C (ç) permet de prononcer ÇA-ÇO-ÇU comme SA-SO-SU.

- De la même manière, La lettre G (qu'on prononce « jé ») a un deuxième nom secret (on le prononce « gué »). Elle peut en effet faire GA-GO-GU (aucune autre lettre ne le peut) mais aussi GE-GI. Pour écrire le GUE et GUI, la seule manière est d'utiliser un U (qu'on n'entend pas), et uniquement devant le E et le I.

- La lettre Q est toujours suivie d'un U mais ce U ne se prononce pas. Dans de rares mots, le Q se montre sans le U (coq, cinq, Qatar).

- Devant les lettres B et P, les sons ON, EN, IN, AN s'écrivent : OM, EM, IM, AM). Exemple : il **tombe**, une trompette, simple, une jambe, septembre.

3) Exemple des nombres

Tous les mots ne sont malheureusement pas si simples. Beaucoup comportent des pièges. Prenons l'exemple des nombres. Pour écrire en lettres tous les nombres, nous avons besoin de peu de mots, une grosse vingtaine seulement. Pourtant ces mots comportent près de quarante pièges !
Cependant, si l'on apprend seulement 10 mots et qu'on se rappelle quelques observations et astuces logiques, trente pièges disparaissent.

Il faut par exemple remarquer que :

- Dans 4, 14, 40 et 5, 15, 50 la lettre Q est présente.
- Dans 5, 15, 50, le son IN s'écrit avec un « i ».
- Dans 40, 50, 60, le son AN s'écrit avec un « a ».
- Dans 11, 12, 13, 14, 15, 16, les dernières lettres sont « ze ».

Maintenant, observons les nombres un par un pour voir ce qui reste comme pièges.

Un	Pour penser au U, se rappeler que le U s'entend dans « **u**ne ».
Deux	ATTENTION à : EUX à la fin
Trois	Pour se rappeler du S, penser à « troi**s**ième »
Quatre	
Cinq	ATTENTION au C au début
Six	ATTENTION : le X se prononce « sss »
Sept	Pour le P muet, penser à « se**p**tembre » qui était autrefois le 7è mois de l'année.
Huit	ATTENTION au H au début
Neuf	
Dix	X : comme pour SIX
Onze	
Douze	
Treize	ATTENTION au EI
Quatorze	
Quinze	
Seize	« EI » comme 13
Vingt	ATTENTION au son IN (avec un « i ») ATTENTION au G muet Le T s'entend dans « ving**t**ième »
Trente	ATTENTION au son EN (avec un « e »)
Quarante	
Cinquante	
Soixante	Pour se rappeler du X, penser au X dans 6
Cent	ATTENTION au son EN (avec un « e ») Le T s'entend dans « cen**t**aine » Pour le C, on peut se rappeler que 100 c'est **C**inq.20 (tout comme 80 c'est Quatre.20)

ÉTUDE DE 54 DICTÉES

L'étude de ces proverbes doit vous apporter une méthodologie. La présentation est toujours identique afin de créer des automatismes qui ne s'oublieront jamais. Le résultat mérite qu'on fasse quelques efforts.

Chaque proverbe est étudié sur une double page.

PARTIE GAUCHE : je vous invite à chercher et à réfléchir.

JOUONS AVEC LA PHRASE

Dans cette partie, je vous pose des questions pour vous faire chercher les groupes (DÉTERMINANT+NOM+ADJECTIF), le **VERBE**, et le SUJET.

Je vous demande de conjuguer le **VERBE** au PASSÉ, au PRÉSENT et au FUTUR et de trouver son INFINITIF.

DÉJOUONS LES PIÈGES

Dans cette partie, je vous indique les difficultés et je vous demande de chercher une explication ou une association d'idée pour se rappeler de la bonne orthographe.

CHERCHONS LE SENS DU PROVERBE

Dans cette partie, je vous pose trois questions pour réfléchir au sens du proverbe. Quelle leçon nous donne-t-il ? A-t-il un sens caché ?

PARTIE DROITE : je vous donne les réponses.

Les trois parties correspondent aux trois parties de la page de gauche :

FONCTIONNEMENT DE LA PHRASE

Application des techniques vues dans la PARTIE 1.

ASTUCES pour éviter les pièges

Application des techniques vues dans la PARTIE2.

SENS DU PROVERBE

Réponses aux trois questions et explication du proverbe.

Il est conseillé de commencer par lire la page de gauche, de chercher seul, et de vérifier les réponses page de droite. On peut se servir d'un cache qu'on fait glisser à chaque question.

Remarque sur le classement des proverbes

Les proverbes sont classés par nombre de difficultés (pièges).
Si l'on veut que l'étude soit profitable, il est souhaitable de faire tous les proverbes dans l'ordre. Les derniers proverbes ont plus de pièges, mais la plupart des difficultés auront déjà été vues dans les proverbes précédents.

PROVERBE n° 1 (UN) – Origine : CHINE

Le sage ne fera rien avec un sabre en or.

JOUONS AVEC LA PHRASE

1. Trouvez les deux GROUPES du NOM (DÉTERMINANT + NOM).
2. Cette phrase est à la forme négative. Dites le contraire.
   Quels mots disparaissent ?
3. Trouvez le **VERBE**.
   C'est le mot qui était entre ceux que vous venez de faire disparaître.
4. Trouvez le SUJET, en l'encadrant par « C'EST... QUI ...»
5. Remplacez le SUJET par le bon PPS (PRONOM PERSONNEL SUJET).
6. À quel temps est conjugué le **VERBE** ?
7. Refaites la phrase au PRÉSENT puis au PASSÉ.
8. Quel est l'INFINITIF du **VERBE** ? Vous pouvez le faire apparaître en conjuguant au FUTUR PROCHE (il va...).
9. Inventez une nouvelle phrase en remplaçant tous les NOMS et les **VERBES** par d'autres NOMS et d'autres **VERBES**.

DÉJOUONS LES PIÈGES

a. Comment se rappeler que « sage » se termine par « ge » ?
b. Pourquoi entend-on « en n or » ?
c. Pourquoi n'y a-t-il pas d'accent sur le « e » de « avec » ?

CHERCHONS LE SENS DU PROVERBE

- À quoi sert l'or ?
- À quoi sert le sabre ?
- D'après ce proverbe, qu'est-ce qu'un sage ?

FONCTIONNEMENT DE LA PHRASE

1. GROUPES du NOM : (Le + sage) et (un + sabre).
2. *Le sage fera (quelque chose) avec un sabre en or.*
   NE et RIEN sont les deux mots qui ont disparu.
3. **VERBE** = « fera » : Le sage NE **fera** RIEN.
4. SUJET = « Le sage » : *C'EST le sage QUI ne fera rien.*
5. *PPS : (Le sage) il ne fera rien.* Le sage = IL
6. Le **VERBE** est conjugué au FUTUR. On peut dire :
   Demain, il ne fera rien.
7. AU PRÉSENT : *Le sage ne **fait** rien avec un sabre en or.*
   AU PASSÉ : *Le sage ne **faisait** rien avec un sabre en or.*
   ou *Le sage n'**a** rien **fait** avec un sabre en or.*
8. INFINITIF = « faire » : *Le sage ne **va** rien **faire** avec un sabre…*
9. *Le chien ne mangera rien avec une fourchette en or.*
   N V N

ASTUCES pour éviter les pièges

a. Aucun mot ne se termine par « je » !
b. Entre « en » et « or », il y a une liaison, cela veut dire que la consonne « n » (à la fin de « en ») et le « o » (au début de « or ») se lient (s'attachent) à l'oreille. Évidemment on dit « l'or » donc « or » ne commence pas par un « n » !
c. Les mots qui se terminent par « ec » n'ont pas besoin d'accent. bec, échec, sec.

SENS DU PROVERBE

L'or intéresse quelqu'un qui veut devenir riche. Le sabre intéresse l'homme qui a envie de se battre. Puisque le sage ne fera donc rien avec un sabre en or, on en conclut qu'un sage n'aime pas la violence et ne recherche pas les richesses.

PROVERBE n° 2 (DEUX) – Origine : INDE

Tu envoies un sourire. Il reviendra vers toi.

JOUONS AVEC LES PHRASES

1. Trouvez le GROUPE du NOM (DÉTERMINANT + NOM)
2. Dites le contraire de ces deux phrases, et trouvez les **VERBES** (ils sont entre NE ...et...PAS)
3. Trouvez les SUJETS (ce sont des PPS).
4. Que remplace le mot « il » ?
5. À quel temps est conjugué le premier **VERBE** ? et le second **VERBE** ?
6. Refaites les deux phrases au PASSÉ.
7. Quel est l'INFINITIF des deux **VERBES** ? Vous pouvez les faire apparaître en conjuguant au FUTUR PROCHE (tu vas...il va...).
8. Inventez une nouvelle phrase en remplaçant le **VERBE** et le NOM.

DÉJOUONS LES PIÈGES

a. Pourquoi « envoies » s'écrit avec « en » ?
b. Pourquoi y a-t-il un « e » et un « s » à la fin de « envoies » ?
c. Comment se rappeler du « s » à la fin de « vers » ?
d. N'oubliez pas la majuscule à « Il » car c'est le début de la seconde phrase.

CHERCHONS LE SENS DU PROVERBE

- Quelle chose peut revenir quand on l'a lancée ?
- Que se passe-t-il quand quelqu'un sourit ?
- Remplacez « un sourire » par un autre groupe de mots pour garder un sens à ce proverbe.

FONCTIONNEMENT DE LA PHRASE

1. GROUPE du NOM : (un + sourire)
2. **VERBE1** = « envoies » : Tu N'**envoies** PAS un sourire..
   VERBE2 = « reviendra » : Il NE **reviendra** PAS vers toi.
3. SUJET-1 = TU ; SUJET-2 = IL
4. « il » est un PPS qui remplace « un sourire » :
   Tu envoies un sourire. Ce sourire, il reviendra vers toi.
5. Le premier **VERBE** est au PRÉSENT : *En ce moment, tu **envoies** un sourire.*
   Le second **VERBE** est au FUTUR : *Bientôt, il **reviendra**.*
6. au PASSÉ: *Tu **as envoyé** un sourire. Il **est revenu** vers toi.*
   ou *Tu **envoyais** un sourire. Il **revenait** vers toi.*
7. INFINITIFS = « envoyer » et « revenir »
   (*Tu vas **envoyer** un sourire. Il va **revenir** vers toi.)*
8. Nouvelle phrase : *Tu lances une insulte.*
   V N

ASTUCES pour éviter les pièges

a. Les **VERBES** commençant par « en » signifient « mettre dans » comme : encercler (mettre dans un cercle) ou enterrer (mettre dans la terre). Envoyer signifie « mettre dans la voie ».
b. La TERMINAISON de « envoies » est imposée par l'accord SUJET-**VERBE**. (TU →...**s**).
c. Pour se rappeler du « s » à la fin de « vers », on peut penser au mot « verser » : *La rivière coule vers la mer. Elle s'y déverse.*

SENS DU PROVERBE

Si tu es souriant avec les autres, les autres seront souriants avec toi.
On peut aussi dire :

Tu envoies de l'aide. Elle reviendra vers toi.
Tu envoies un coup. Il reviendra vers toi.

PROVERBE n° 3 (TROIS) - Origine : CHINE

Le sage ne parle pas pour remplir le silence.

JOUONS AVEC LA PHRASE

1. Trouvez les deux G.N. (DÉTERMINANT + NOM)
2. Cette phrase est à la forme négative. Trouvez le **VERBE.**
3. Trouvez le SUJET (en l'encadrant par « C'EST... QUI ...»)
4. Remplacez le SUJET par le bon PPS.
5. À quel temps est conjugué le **VERBE** ?
6. Refaites la phrase au PASSÉ puis au FUTUR.
7. Quel est l'INFINITIF du **VERBE** ? Vous pouvez le faire apparaître en conjuguant au FUTUR PROCHE.
8. Inventez une phrase en remplaçant des mots (D, N, V).

DÉJOUONS LES PIÈGES

a) Pourquoi « sage » s'écrit-il avec un « g » ?
b) Comment entendre le « s » muet à la fin de « pas » ?
c) Comment se rappeler que « remplir » s'écrit avec un « e »
d) Comment se rappeler du « m » de « remplir » ?
e) Peut-on se rappeler que « silence » s'écrit « ence » à la fin ?

CHERCHONS LE SENS DU PROVERBE

- Quel est le problème des gens qui parlent pour remplir le silence ?
- Pourquoi le sage parle-t-il ?
- Pourquoi le sage ne parle pas?

FONCTIONNEMENT DE LA PHRASE

1. G.N. = (le + sage) ; (le + silence)
2. **VERBE** = « parle ». Ce mot est entre NE et PAS
3. SUJET = « le sage ». *C'EST le sage QUI ne parle pas.*
4. *PPS : Il (= le sage) ne parle pas pour remplir le silence.*
5. Le **VERBE** est conjugué au PRÉSENT (de vérité).
6. Au PASSÉ : *Le sage ne **parlait** pas pour remplir le silence.*

Ou *Le sage n'**a** pas **parlé** pour remplir le silence.*

Au FUTUR : *Le sage ne **parlera** pas pour remplir le silence.*

7. *INFINITIF : Le sage ne va pas **parler** pour remplir le silence.*
8. Exemple : *Le peintre ne dessine pas pour salir le papier.*

ASTUCES pour éviter les pièges

a) Les mots qui se terminent par la syllabe « ge » ne s'écrivent jamais avec un « j ».

b) Quand je dis « pas un de plus », j'entends le « s ».

c) les **VERBES** comme « emplir, entourer, entasser, empiler » commencent par un « e ». Ils veulent dire : « faire un plein, faire un tour, faire un tas, faire une pile ».

d) Dans « remplir », le « en » attendu se trouve devant un « p », il s'est transformé en « em ».

e) Pas d'astuce simple. Photographiez mentalement « silence » en l'observant et en l'écrivant de nombreuses fois. Ajoutez-le au texte du père Legendre.

SENS DU PROVERBE

Certaines personnes parlent beaucoup uniquement pour s'entendre parler, pour faire du bruit, comme si le silence leur était insupportable. Un peu comme quelqu'un qui marcherait tout le temps sans aller nulle part. Si le sage décide de parler, c'est que ses paroles ont un sens. Elles méritent d'être écoutées. Le sage préfère la qualité à la quantité. Il donne ainsi plus de valeur à ce qu'il dit. Enfin, pendant qu'il setait, il peut écouter et réfléchir.

PROVERBE n° 4 (QUATRE) – Origine : CHINE

Un ami est une route. Un ennemi est un mur.

JOUONS AVEC LES PHRASES

1. Trouvez les quatre GROUPES du NOM (DÉTERMINANT + NOM)
2. Dites le contraire de ces phrases et trouvez les **VERBES** (Ils sont entre N' ...et...PAS)
3. Trouvez les SUJETS (en les encadrant par « C'EST... QUI...»
4. Remplacez les deux SUJETS par les bons PPS.
5. À quels temps sont conjugués les **VERBES** ?
6. Refaites les phrases au PASSÉ et au FUTUR.
7. Quel est l'INFINITIF du **VERBE** ? Vous pouvez le faire apparaître en conjuguant au FUTUR PROCHE (il va...).
8. Inventez une nouvelle phrase en remplaçant les DÉTERMINANTS (D), NOMS (N) et VERBES (V) par d'autres D, N, V.

DÉJOUONS LES PIÈGES

a. Pourquoi entend-on « un n ami ... » et « un n ennemi » ?
b. Comment se rappeler que « est » s'écrit avec un « E-S-T» et comment entendre le « t » à la fin ?
c. Pourquoi y a-t-il deux « n » dans le mot « ennemi » ?

CHERCHONS LE SENS DU PROVERBE

- Ce proverbe fait des comparaisons.
- L'ami a les qualités de la route, l'ennemi a les défauts du mur.
- Mais, quels sont ces qualités et ces défauts ?

FONCTIONNEMENT DE LA PHRASE

1. G.N. : (un + ami), (une + route), (un + ennemi), (un + mur)
2. *Un ami N'**est** PAS une route. Un ennemi N'**est** PAS un mur.* Le **VERBE** est donc « est ».
3. *C'EST l'ami QUI est une route.* SUJET = « l'ami »
   C'EST l'ennemi QUI est un mur. SUJET = « l'ennemi ».
4. *(l'ami), il est une route.* l'ami = IL
5. *(l'ennemi), il est un mur.* l'ennemi = IL
6. « est » : ce **VERBE** est au PRÉSENT (de vérité).
7. Au PASSÉ : *Un ami **était** une route. Un ennemi **était** un mur.*
   ou *Un ami **a été** une route. Un ennemi **a été** un mur.*
   Au FUTUR : *Un ami sera une route. Un ennemi sera un mur.*
8. *Un ami va **être** une route. Un ennemi va **être** un mur.*
   VERBE « être ».
9. Nouvelle phrase : *La cigale cherche un repas.*

ASTUCES pour éviter les pièges

a. Le mot « un » se termine par la consonne « n ». Comme « un » est suivi d'un mot commençant par une voyelle (« ami » ou « ennemi ») il y a une liaison. Évidemment on dit « des amis, des ennemis » donc ces mots ne commencent pas par un « n » !
b. « est » s'écrit « E-S-T » car c'est le **VERBE** « être », on peut donc le conjuguer, c'est à dire le remplacer par « était » ou par « sera ». On entend le « t » dans : « *un ami est une route.* »
c. « ennemi » ne prend pas d'accent car les mots en « enne » se prononcent « ène » comme « chienne ». Pour se rappeler des deux « n », on peut se dire qu'*un ennemi a beaucoup de haine !*

SENS DU PROVERBE

Sur une route (ou avec un ami), on peut avancer pour découvrir de nouvelles choses. C'est aussi un chemin vers plus de liberté et surprises. Devant un mur (ou un ennemi), on est bloqué, on ne voit rien, on ne peut que s'énerver, détruire ou s'affaiblir et abandonner.

PROVERBE n° 5 (CINQ) – Origine : CHINE

Le bien ne fait pas de bruit. Le bruit ne fait pas de bien.

JOUONS AVEC LES PHRASES

1. Trouvez les deux GROUPES du NOM (DÉTERMINANT + NOM)
2. Ces phrases sont à la forme négative.
   Dites le contraire. Quels mots disparaissent ?
3. Trouvez les **VERBES**. Ce sont les mots qui étaient entre ceux que vous venez de faire disparaître.
4. Pour chaque phrase, trouvez le SUJET, en l'encadrant par « C'EST... QUI ...».
5. Remplacez les SUJETS par les bons PPS.
6. À quels temps sont conjugués les **VERBES** ?
7. Refaites la première phrase au PASSÉ puis au FUTUR.
8. Quel est l'INFINITIF du **VERBE** ? Vous pouvez le faire apparaître en conjuguant au FUTUR PROCHE (il va...).
9. Inventez une nouvelle phrase en remplaçant les DÉTERMINANTS (D), NOMS (N) et VERBES (V) par d'autres D, N, V.

DÉJOUONS LES PIÈGES

a) Comment entendre le « t » à la fin de « bruit » ?
b) Comment entendre le « t » à la fin de « fait » ?
c) Comment se rappeler du « ai » dans « faire » ?
d) Comment entendre le « s » à la fin de « pas » ?
e) Pourquoi y a-t-il deux majuscules ?

CHERCHONS LE SENS DU PROVERBE

- Pourquoi le bien ne fait-il pas de bruit ?
- Pourquoi le bruit ne fait-il pas de bien ?
- Quelle qualité est mise en avant dans ce proverbe ?

FONCTIONNEMENT DE LA PHRASE

1. GROUPES du NOM : (le + bien) et (le + bruit).
2. *Le bien fait du bruit. Le bruit fait du bien.*
   Les mots NE et PAS ont disparu.
3. **VERBE** = « fait » : Le bien NE **fait** PAS de bruit.
4. SUJET1 = « le bien » : *C'EST le bien QUI ne **fait** pas de bruit.*
   SUJET2 = « le bruit » *C'EST le bruit QUI ne **fait** pas de bien.*
5. *PPS* : *Le bien, il ne fait pas de bruit.* Le bien = IL
   Le bruit, il ne fait pas de bien. Le bruit = IL
6. « fait » est un **VERBE** conjugué au PRÉSENT. Ce PRÉSENT ne décrit pas une action pas en train de se passer ; il affirme une VÉRITÉ.
7. AU FUTUR : *Le bien ne **fera** pas de bruit.*
   AU PASSÉ : *Le bien ne **faisait** pas de bruit.*
   ou *Le bien n'**a** pas **fait** de bruit.*
8. INFINITIF = « faire » : *Le bien ne **va** pas **faire** de bruit.*
9. Nouvelle phrase : *La sirène n'a pas de pantalon.*

ASTUCES pour éviter les pièges

a. On entend le « t » dans « bruitage » qui est un mot de la même famille que « bruit ».
b. En posant la question « Que fait-il ? », on entend le « t ».
c. « faire » s'écrit avec un « a » comme « fabriquer ».
d. En faisant la liaison « pas un de plus », on entend le « s ».
e. Il y a deux phrases. Chaque phrase commence par une majuscule. Derrière chaque point, une nouvelle phrase commence.

SENS DU PROVERBE

Ce proverbe met en avant la discrétion (ne pas se faire remarquer par son comportement désagréable ou par ses paroles). En effet, si on veut faire du bien, on n'a pas besoin de le dire, de le crier. Et si l'on fait du bruit et qu'on bavarde à tort et à travers, cela énerve et provoque des problèmes. Restons donc discrets

PROVERBE n° 6 (SIX) – Origine : ARABE

Nous ne jugeons pas le grain de poivre à sa taille.

JOUONS AVEC LA PHRASE

1. Trouvez les deux G.N.(=DÉTERMINANT + NOM + ADJECTIF) et le troisième NOM.
2. Trouvez le **VERBE** de cette phrase.
3. Trouvez le SUJET.
4. À quel temps est conjugué le **VERBE** ?
5. Conjuguez la phrase au PASSÉ puis au FUTUR.
6. Trouvez l' INFINITIF du **VERBE** (FUTUR PROCHE).
7. Inventez une phrase par substitutions.

DÉJOUONS LES PIÈGES

a) Pourquoi « jugeons » s'écrit avec « ge » ?
b) Comment entendre les « s » à la fin de « pas » et de nous » ?
c) Pourquoi « jugeons » se termine par « ons » ?
d) Comment se rappeler que « grain » s'écrit avec un « a » ?
e) Pourquoi y a-t-il un accent sur le « à » ?
f) Peut-on écrit le mot « taille » d'une autre façon ?

CHERCHONS LE SENS DU PROVERBE

- Le grain de poivre est petit mais en quoi est-il grand ?
- Que signifie « juger » dans ce proverbe ?
- Si on applique ce proverbe à la vie, que nous dit ce proverbe ?

FONCTIONNEMENT DE LA PHRASE

1. GN : (le + grain) ; (sa + taille) – NOM : « poivre »
2. **VERBE** = « jugeons ». Cette phrase est à la forme négative.
3. SUJET = « nous » (PPS)
4. Le **VERBE** est conjugué au PRÉSENT.
5. Au PASSÉ : *Nous n'**avons** pas **jugé**…*
   ou *Nous ne **jugions** pas…*
   Au FUTUR : Nous ne **jugerons** pas…
6. INFINITIF : *Nous n'allons pas **juger**…*

ASTUCES pour éviter les pièges

a) « juge » ne peut s'écrire qu'avec un « g ». « gon » se prononce comme dans « dragon » mais « geon » se prononce comme « pigeon ».
b) Faire des liaisons permet d'entendre les lettres muettes : « pas un » et « nous avons ».
c) La TERMINAISON « ons » s'explique par l'accord SUJET-**VERBE**. (NOUS → …**ons**).
d) « grain » s'écrit avec un « a » comme « granuleux ».
e) On ne peut pas remplacer « à » par « avait » : *Nous ne jugeons pas le grain de poivre avait sa taille.*
   Ce n'est pas le **VERBE** avoir. Il faut mettre un accent.
f) « taille » ne peut pas s'écrire « taye » qui se prononcerait : « teille » comme le mot « paye ».

SENS DU PROVERBE

Le grain de poivre est petit par sa taille mais grand par son goût puissant. Ici, « juger » signifie penser, croire, se faire une idée. Si l'on juge trop vite, en ne regardant qu'une partie des choses, on risque de se tromper (surestimer ou sous-estimer). Il faut donc attendre d'en savoir plus sur quelqu'un (ou quelque chose) avant de dire qu'on le connaît.

PROVERBE n° 7 (SEPT) – Origine : ESPAGNE

Avec le bâton, le bon est devenu méchant et le méchant est devenu pire.

JOUONS AVEC LA PHRASE

1. Trouvez les trois GROUPES du NOM (DÉTERMINANT + NOM)
2. Trouvez deux ADJECTIFS. On peut les remplacer par un autre ADJECTIF (beau, petit..)
3. Dites le contraire de cette phrase et trouvez les **VERBES**.
4. Trouvez les deux <u>SUJETS</u> (en l'encadrant par « C'EST... QUI...»
5. Remplacez les <u>SUJETS</u> par les bons <u>PPS</u>.
6. À quel temps sont conjugués les **VERBES** ?
7. Refaites la phrase au PRÉSENT puis au FUTUR.
8. Quel est l'INFINITIF du **VERBE** ? Vous pouvez le faire apparaître en conjuguant au FUTUR PROCHE (il va...).
9. Inventez une nouvelle phrase en remplaçant les DÉTERMINANTS (D), NOMS (N) et VERBES (V) par d'autres D, N, V.

DÉJOUONS LES PIÈGES

a. Comment se rappeler que « est » s'écrit avec un « s » et un « t » ?
b. Et pourquoi « et » s'écrit avec deux lettres ?
c. Comment entendre le « a » de « méchant » ?
d. Comment entendre le « t » de « méchant » ?
e. ! L'accent circonflexe de « bâton » est le souvenir d'un « s » disparu qu'on entend encore dans « bastonner ».

CHERCHONS LE SENS DU PROVERBE

- À quoi sert le bâton de ce proverbe ?
- Pourquoi le bâton transforme les gens en pire ?
- Quelle est la leçon de ce proverbe ?

FONCTIONNEMENT DE LA PHRASE

1. GROUPES du NOM = (le + bâton) ; (le + bon) ; (le + méchant)
2. ADJECTIFS = « méchant » et « pire ». On peut dire : *« Avec le bâton, le bon est devenu petit et le méchant est devenu minuscule ».*
3. **VERBES** = « est devenu ». *Avec le bâton, le bon N'**est** PAS **devenu** méchant et le méchant N'**est** PAS **devenu.***
4. SUJET1 = « le bon » : *C'EST le bon QUI est devenu méchant.*
   SUJET2 = « le méchant » : *C'EST le méchant QUI est devenu pire.*
5. *PPS : Avec le bâton, le bon, il est devenu méchant et le méchant, il est devenu pire.*
6. Le **VERBE** « devenir » est conjugué au PASSÉ COMPOSÉ. Il est composé de deux mots.
7. Au PRÉSENT : *Avec le bâton, le bon **devient** méchant ...*
   Au FUTUR : *Avec le bâton, le bon **deviendra** méchant ...*
8. INFINITIF = « devenir » : *Avec le bâton, le bon va **devenir** méchant et le méchant va **devenir** pire.*

ASTUCES pour évlter les pièges

a. On peut conjuguer le **VERBE** « être », c'est à dire remplacer « est » par « était » ou par « sera » : *Le bon était devenu...*
b. On entend le « t » dans : « le bon est un peu méchant. »
c. « et » est un mot de liaison qu'on peut remplacer par « et puis ». Il a deux lettres car il unit les couples : « toi **et** moi ».
d. Pas de solution. Ajouter « méchant » dans le texte de Maman Amanda.
e. Dans « méchan**te** », on entend le « t ».

SENS DU PROVERBE

Ce proverbe nous dit qu'il ne faut pas utiliser la violence pour punir ou pour faire comprendre ce qui est mal. Celui qui est frappé se sent humilié, il va chercher à rendre ce qu'il a reçu. Il faut donc mieux utiliser l'écoute compréhensive et l'explication ferme.

PROVERBE n° 8 (HUIT) – Origine : CHINE

Elle corrige son fils car elle l'aime.

JOUONS AVEC LA PHRASE

1. Trouvez le G.N. (DÉTERMINANT + NOM)
2. Dites le contraire de cette phrase (forme négative) et trouvez les **VERBES**. Pensez à changer le début et la fin de la phrase.
3. Trouvez les SUJET (ce sont des PPS).
4. À quels temps sont conjugués les **VERBES** ?
5. Refaites les phrases au PASSÉ puis au FUTUR.
6. Quel est l'INFINITIF des **VERBES** ? Vous pouvez les faire apparaître en conjuguant au FUTUR PROCHE.
7. Inventez une nouvelle phrase par substitutions.

DÉJOUONS LES PIÈGES

a) Comment se rappeler que « aime » commence par « ai » ?
b) Comment se rappeler du « l » dans fils ?
c) Comment se rappeler des deux « r » dans « corrige » ?
d) Comment se rappeler que « corrige » ne commence pas un « k » ou par « qu » ?
e) Qu'est-ce que ce « l' » ? Remplace-t-il quelque chose ?
f) Comment se rappeler que « corrige » se termine par « ge » ?

CHERCHONS LE SENS DU PROVERBE

- Le PPS « elle » dans la phrase remplace un personnage, lequel ?
- Que signifie « corrige » dans cette phrase ?
- Pensez-vous qu'il faut corriger son fils ? Toujours ? Pourquoi ?

FONCTIONNEMENT DE LA PHRASE

1. G.N. = (son + fils)
2. **VERBES** : Elle NE **corrige** PAS son fils car elle NE l'**aime** PAS.
3. SUJETS : C'EST elle QUI corrige son fils car ... (PPS)
4. Les **VERBES** sont au PRÉSENT : « elle a l'habitude de corriger son fils »
5. AU PASSÉ : Elle **corrigeait** son fils car elle l'**aimait**.
   ou Elle **a corrigé** son fils car elle l'**a aimé**.
   AU FUTUR : Elle **corrigera** son fils car elle l'**aimera**.
6. INFINITIFS : Ella va **corriger** son fils car elle va **l'aimer**.
7. Exemple : *Elle cherche son téléphone car elle l'a perdu.*

ASTUCES pour éviter les pièges

a) « aime » commence par un « a » comme « amour »
b) Pour ne pas oublier le « l » dans « fils », penser à « fille ».
c) « corrige » a besoin de deux « r » car pour se corriger, il vaut mieux se **r**elire deux fois !
d) « corrige » s'écrit avec un « c » car le « k » est très rare, et les mots commençant par « co » sont plus fréquents que ceux commençant par « quo ».
e) L'apostrophe est le souvenir d'un « e » disparu : « Elle corrige son fils car elle (le) aime, son fils ».
f) Aucun mot ne se termine par « je » !

SENS DU PROVERBE

« elle », c'est évidemment la maman. Une mère veut que son fils soit bien élevé et ne veut pas qu'il répète ses erreurs. Elle lui montre ce qui ne va pas et lui explique ce qu'il faut faire. Mais si la maman passe ses journées à corriger son fils, cela peut devenir pénible et inutile.

Remarque : « donner une correction » peut être violent. Donc attention à ce qui se cache derrière les mots.

PROVERBE n° 9 (NEUF) – Origine : CHINE

Tu as raison. Alors, pourquoi élèves-tu la voix ?

JOUONS AVEC LES PHRASES

1. Trouvez le GROUPE du NOM (DÉTERMINANT + NOM)
2. Dites le contraire de la première phrase, et trouvez le **VERBE** (il est entre NE …et…PAS)
3. La seconde phrase interroge.
   Dites le contraire de « Tu élèves la voix ». et trouvez le **VERBE**.
4. Trouvez les SUJETS (ce sont des PPS).
5. Refaites les phrases en remplaçant les PPS par des groupes (DÉTERMINANT + NOM). Attention à l'accord SUJET-**VERBE**.
6. À quel temps sont conjugués les **VERBES** ?
7. Refaites les phrases au PASSÉ puis au FUTUR.
8. Quel est l'INFINITIF des **VERBES** ? Vous pouvez les faire apparaître en conjuguant au FUTUR PROCHE (il va…).
9. Inventez une nouvelle 2è phrase en remplaçant le **VERBE** et le NOM.

DÉJOUONS LES PIÈGES

a. Pourquoi y a-t-il un « s » à la fin de « as » et de « élèves » ?
b. Comment se rappeler du « s » à la fin de « alors » ?
c. Comment se rappeler du « x » à la fin de « voix » ?
d. Pourquoi le mot « pourquoi » s'écrit avec « qu » ?
e. Comment se rappeler que « raison » s'écrit avec « ai » ?
f. N'oubliez pas la majuscule à « Alors » (début de phrase).

CHERCHONS LE SENS DU PROVERBE

- À quoi sert d'élever la voix ?
- Pourquoi n'est-ce pas utile ?
- Quel conseil est donné par ce proverbe ?

FONCTIONNEMENT DE LA PHRASE

1. GROUPE du NOM : (la + voix)
2. **VERBE** = « as » : *Tu N'**as** PAS raison.*
3. *Tu N'**élèves** PAS la voix.* Le **VERBE** est donc « élèves ».
4. <u>SUJETS</u> = TU (PPS)
5. *« Mon père » a raison. Alors, pourquoi élève-t-il la voix ?*
6. Les deux **VERBES** sont conjugués au PRÉSENT, on écoute quelqu'un en train de parler.
7. Au PASSÉ : *Tu **avais** raison. Alors, pourquoi **élevais**-tu la voix.*
   ou *Tu **as eu** raison. Alors, pourquoi **as**-tu **élevé** la voix ?*
   au FUTUR : *Tu **auras** raison. Pourquoi **élèveras**-tu la voix ?*
8. *INFINITIFS* = « avoir » et « élever » :
   *Tu vas **avoir** raison. Alors, pourquoi vas-tu **élever** la voix ?*
9. Nouvelle phrase : Alors, pourquoi portez-vous une valise ?

ASTUCES pour éviter les pièges

a. Les TERMINAISONS en « s » s'expliquent par l'accord <u>SUJET</u>-**VERBE**. (<u>TU</u> →...**s**)
b. « alors » est un mot proche du mot « lorsque » dans lequel le « s » s'entend.
c. Le « x » est un souvenir du latin « vox » comme dans l'expression « vox populi » (la voix du peuple). Il ne faut pas confondre ce mot avec la « voie » (le chemin).
d. « pourquoi » est formé des mots « pour » et « quoi ». Le mot « quoi » s'écrit avec « qu » comme : que, qui, quel.
e. Les adultes connaissent le mot « rationnel » qui est de la même famille.

SENS DU PROVERBE

Dans une discussion, on veut montrer qu'on a raison et souvent, on cherche à parler plus fort et à couper la parole. Ce n'est pas de cette façon qu'on montrera qu'on a raison mais en s'expliquant calmement. Aussi, il faut se méfier des paroles de ceux qui élèvent facilement la voix.

PROVERBE n° 10 (DIX) – Origine : ROME ANTIQUE

La colère est une folie temporaire.

JOUONS AVEC LA PHRASE

1. Trouvez les deux G.N. (DÉTERMINANT + NOM)
2. Trouvez l'ADJECTIF (c'est le mot qu'on peut supprimer). Quel NOM précise-t-il ?
3. Dites le contraire de cette phrase (forme négative) et trouvez le **VERBE.**
4. Trouvez le <u>SUJET</u> (en l'encadrant par « C'EST… QUI …»)
5. Remplacez le <u>SUJET</u> par le bon <u>PPS</u>.
6. À quels temps est conjugué le **VERBE** ?
7. Refaites la phrase au PASSÉ puis au FUTUR.
8. Quel est l'INFINITIF du **VERBE** ? Vous pouvez le faire apparaître en conjuguant au FUTUR PROCHE.
9. Inventez une nouvelle phrase en changeant les NOMS et l'ADJECTIF.

DÉJOUONS LES PIÈGES

a) Comment se rappeler que « colère » se termine par « ère » mais que « temporaire se termine par « aire » ?
b) Pourquoi « folie » se termine par un « e » ?
c) Pourquoi y a-t-il un « m » dans « temporaire » ?
d) Pourquoi « colère » commence par un « c » ?
e) Pourquoi « est » s'écrit-il « e-s-t » ?

CHERCHONS LE SENS DU PROVERBE

- Que signifie « temporaire » ? (pense à « temps »)
- Trouvez un exemple où quelqu'un en colère agit comme un fou.
- Pourquoi le mot « temporaire » est important dans ce proverbe ?

FONCTIONNEMENT DE LA PHRASE

1. G.N. = (la + colère) ; (une + folie)
2. « temporaire » est un ADJECTIF qui précise le NOM « folie ». « temporaire » peut être supprimé. (*La colère est une folie*).
3. **VERBE** = « est » : *La colère N'**est** PAS une folie temporaire.*
4. SUJET = « la colère » : *C'EST la colère QUI est une folie temporaire.*
5. PPS : ELLE (=la colère) est une folie temporaire.
6. Le **VERBE** est conjugué au PRÉSENT.
7. PASSÉ : *La colère **était** une folie temporaire.*
   ou La colère **a été** une folie temporaire.
   FUTUR : *La colère **sera** une folie temporaire.*
8. INFINITIF = « être » *(La colère va **être** une folie temporaire.)*
9. Exemple *: La cigarette est une cochonnerie dangereuse.*

ASTUCES pour éviter les pièges

a) Avec « colère », on forme « col**ére**ux » ; avec « temporaire » on forme un mot très difficile « tempo**ra**lité »
b) Le NOM « folie » est féminin (une folie). Comme beaucoup de mots féminins, il se termine par « ie ».
c) Devant un « p », le « n » se transforme en « m ». « temporaire » s'écrit donc « emp ».
d) le « c » dans « colère» : « k » est très rare, et les mots commençant par « co » sont beaucoup plus fréquents que ceux commençant par « quo ».
e) On peut conjuguer « est » et le remplacer par « était ». Cette écriture vient du latin « est » (prononcer « este »).

SENS DU PROVERBE

« temporaire » signifie : « qui ne dure pas tout le temps »
Max était si en colère qu'il cassa le jouet qu'il aimait.
L'ADJECTIF « temporaire » est important, il indique que lorsqu'on se calme, la folie disparaît.

PROVERBE n° 11 (ONZE) – Origine : PAYS-BAS

Tous les nuages n'apportent pas la pluie.

JOUONS AVEC LA PHRASE

1. Trouvez les deux G.N. (DÉTERMINANT + NOM)
2. Cette phrase est à la forme négative. Trouvez le **VERBE.**
3. Dites le contraire (forme affirmative).
4. Trouvez le SUJET (en l'encadrant par « C'EST… QUI …»)
5. Remplacez le SUJET par le bon PPS.
6. À quel temps est conjugué le **VERBE** ?
7. Refaites la phrase au PASSÉ puis au FUTUR.
8. Quel est l'INFINITIF du **VERBE** ? Vous pouvez le faire apparaître en conjuguant au FUTUR PROCHE.
9. Inventez une phrase en remplaçant des mots (D, N, V).

DÉJOUONS LES PIÈGES

a) Pourquoi y a-t-il un « s » à la fin de « nuages » ?
b) Pourquoi « tous » s'écrit-il avec un « s » et pas avec un « t » ?
c) Pourquoi y a-t-il une apostrophe après « n' » ?
d) Pourquoi y a-t-il deux « p » dans « apportent » ?
e) Pourquoi y a-t-il un « e » à la fin de « pluie » ?

CHERCHONS LE SENS DU PROVERBE

- Est-il vrai que certains nuages n'apportent pas la pluie ?
- Quelle est la leçon cachée donnée par ce proverbe ?

FONCTIONNEMENT DE LA PHRASE

1. G.N. = (les + nuages) ; (la + pluie)
2. **VERBE** = « apportent » (ce mot est entre N' et PAS ».
3. *Tous les nuages apportent la pluie.* (N' et PAS ont disparu).
4. *SUJET : CE SONT tous les nuages QUI apportent la pluie.*
5. *PPS : Ils (=tous les nuages) n'apportent pas la pluie.*
6. Le **VERBE** est conjugué au PRÉSENT (de vérité).
7. Au PASSÉ : *Tous les nuages **n'apportaient** pas la pluie*

ou *Tous les nuages n'**ont** pas **apporté** la pluie.*

Au FUTUR : *Tous les nuages **n'apporteront** pas la pluie.*

8. INFINITIF : Tous les nuages ne vont pas **apporter** la pluie.
9. Exemple - *Tous les enfants n'aiment pas le chocolat.*

ASTUCES pour éviter les pièges

a) « les » est un DÉTERMINANT PLURIEL. Le NOM « nuage » est donc aussi au PLURIEL, ill doit se terminer par un « s ».

b) « les nuages » est un G.N. PLURIEL, il faut donc écrire « tous ». Dans la phrase « *Tout nuage est composé d'eau* », le mot « nuage » est SINGULIER, il faut donc écrire « tout ».

c) L'apostrophe remplace un « e » qui a disparu. « *Tous les nuages **n(e)** apportent pas la pluie* ».

d) Les mots commençant par « ap » ont très souvent un deuxième « p ». Il faudra connaître les exceptions.

e) « pluie » est un NOM FÉMININ. Même s'il y a beaucoup d'exceptions, la plupart des mots féminins se terminent par un « e », surtout ceux en « ie ».

SENS DU PROVERBE

Bien sûr, beaucoup de nuages passent sans que tombe la pluie. Ce proverbe nous montre que dans la vie, beaucoup de choses qu'on croit tristes ou pénibles passent sans laisser de traces. Il est donc inutile de s'inquiéter avant.

PROVERBE n° 12 (DOUZE) – Origine : MALAISIE

Les chiens aboient. La montagne ne tremble pas.

JOUONS AVEC LES PHRASES

1. Trouvez les deux G.N. (=DÉTERMINANT + NOM)
2. Mettez la première phrase à la forme négative pour trouver le **VERBE.**
3. Trouvez le **VERBE** de la seconde phrase.
4. Trouvez les SUJETS. (C'EST…QUI)
5. Remplacez les SUJETS par des PPS .
6. À quels temps sont conjugués les **VERBES** ?
7. Conjuguez les phrases au PASSÉ puis au FUTUR.
8. Trouvez les INFINITIFS des **VERBES** (FUTUR PROCHE).
9. Inventez une phrase par substitutions.

DÉJOUONS LES PIÈGES

a) Pourquoi y a-t-il un « s » à la fin de « chiens » ?
b) Pourquoi « aboient » se termine par « ent » ?
c) Pourquoi « montagne » s'écrie avec un « g » ?
d) Comment se rappeler que « tremble » s'écrit avec un « e » et pas un « a » ?
e) Pourquoi « tremble » s'écrit avec un « m » et pas un « n » ?
f) Remarque : ne pas oublier la majuscule au début de la seconde phrase.

CHERCHONS LE SENS DU PROVERBE

- Que feraient beaucoup de gens ou d'animaux en passant devant ces chiens qui aboient ?
- Pourquoi ce proverbe nous parle de la montagne ?
- Est-ce qu'on peut être comme une montagne ?

FONCTIONNEMENT DE LA PHRASE

1. G.N. : (les + chiens) ; (la + montagne)
2. **VERBE1** = « aboient » : *Les chiens N'**aboient** PAS.*
3. **VERBE2** : « tremble » (La phrase est négative).
4. SUJET1 = « les chiens » : CE SONT les chiens QUI aboient.
   SUJET2 = « la montagne » : C'EST la montagne QUI tremble.
5. PPS : *Ils (=les chiens) aboient. Elle (=la montagne) tremble.*
6. Les deux **VERBES** sont conjugués au PRÉSENT.
7. Au PASSÉ : *Ils **aboyaient**. Elle ne **tremblait** pas.*
   ou *Ils **ont aboyé**. Elle n'**a** pas **tremblé**.*
   Au FUTUR : *Ils **aboieront**. Elle ne **tremblera** pas.*
8. INFINITIFS : *Ils vont **aboyer**. Elle ne va pas **trembler**.*

ASTUCES pour éviter les pièges

a) Il y a plusieurs chiens. Le nom « chiens » est au PLURIEL. Il se termine par un « s ».
b) La TERMINAISON « ent » s'explique par l'accord SUJET-**VERBE**. (ILS → ...**nt**)
c) Tous les mots se terminant par le sont « gne » comme « peigne, saigne, gagne... » s'écrivent avec un « g ».
d) Ajouter « tremble» à la « liste des mots avec EN (/EM) de père Legendre »
e) Devant un « b » (et un « p ») « en » devient « em ».

SENS DU PROVERBE

Les chiens qui aboient peuvent faire peur. La montagne est trop grande et trop forte pour trembler. Nous devons prendre la montagne comme modèle, mais c'est loin d'être facile car nous sommes plus sensibles qu'elle. Ce proverbe nous dit que nous sommes souvent plus fort qu'on ne le croit, et qu'il ne faut pas avoir peur de petites choses.

PROVERBE n° 13 (TREIZE) – Origine : ARABE

Nous ne sortons pas savants du ventre de notre mère.

JOUONS AVEC LA PHRASE

1. Trouvez un G.N.(=DÉTERMINANT + NOM) et un autre NOM
2. Trouvez l'ADJECTIF (on peut le remplacer par un autre ADJECTIF)
3. Trouvez le **VERBE.**
4. Trouvez le SUJET.
5. À quel temps est conjugué le **VERBE** ?
6. Conjuguez la phrase au PASSÉ puis au FUTUR.
7. Trouvez l'INFINITIF du **VERBE** (FUTUR PROCHE).
8. Inventez une phrase par substitutions.

DÉJOUONS LES PIÈGES

a) Comment entendre le « s » à la fin de « nous » et de « pas » ?
b) Pourquoi « sortons » se termine-t-il par un « s » ?
c) Comment se rappeler que « savant » s'écrit avec « an » ?
d) Comment se rappeler que « ventre » s'écrit avec « en » ?
e) Comment se rappeler du « t » à la fin de « savant » ?
f) Pourquoi y a-t-il un « s » à la fin de « savants » ?
g) Remarque : « mère » se termine comme « père » et « frère ».

CHERCHONS LE SENS DU PROVERBE

- Qu'est-ce que sait un nouveau-né ?
- Ce proverbe ne dit pas tout. Pouvez-vous dire la fin ?

FONCTIONNEMENT DE LA PHRASE

1. G.N. : (notre + mère) – NOM = « ventre »
2. ADJECTIF = « savants » : *Nous ne sortons pas grands…*
3. **VERBE** = « sortons ». Cette phrase est à la forme négative.
4. SUJET = « nous » (PPS)
5. Le **VERBE** est conjugué au PRÉSENT (de VÉRITÉ)
6. Au PASSÉ : *Nous ne **sommes** pas **sortis** savants…*
   ou *Nous ne **sortions** pas savants …*
   Au FUTUR : *Nous ne **sortirons** pas savants…*
7. INFINITIF = « sortir ». (Nous n'allons pas **sortir** savants…)

ASTUCES pour éviter les pièges

a) Quand on dit « nous avons », on entend le « s ».
b) Quand on dit « pas un de plus », on entend le « s ».
c) La TERMINAISON « ons » s'explique par l'accord SUJET-**VERBE**. (NOUS → …**ons**). On peut entendre le « s » : « sortons un moment ».
d) On peut imaginer un « savant en sav**a**tes » ou ajouter ce mot à la « liste des mots avec AN de maman Amanda » .
e) De même, ajouter « ventre » à la « liste des mots avec EN de père Legendre ».
f) Un « savant » et « une savan**te** »
g) « Nous » s'applique à plusieurs personnes « savantes », « Nous » est PLURIEL, on met un « s » à « savants ».

SENS DU PROVERBE

Le nouveau-né a connu des sensations dans le ventre de sa mère mais il ne sait rien sur le monde extérieur. Le proverbe peut se compléter par : « Nous devons donc tout apprendre ». Ainsi, dans la vie, tout s'apprend : parler, lire, nager…

PROVERBE n° 14 (QUATORZE) – Origine : TURQUIE

Tu dis ton secret à un ami, mais ton ami a aussi un ami.

JOUONS AVEC LA PHRASE

1. Trouvez les trois GROUPES du NOM (DÉTERMINANT + NOM)
2. Dites le contraire de cette phrase et trouvez les **VERBES** (ils sont entre NE ...et...PAS)
3. Trouvez le premier SUJET (c'est un PPS).
4. Trouvez le second SUJET (en l'encadrant par « C'EST... QUI...»
5. À quel temps sont conjugués les **VERBES** ?
6. Refaites la phrase au PASSÉ puis au FUTUR.
7. Quel est l'INFINITIF du **VERBE** ? Vous pouvez le faire apparaître en conjuguant au FUTUR PROCHE (il va...).
8. Inventez une nouvelle phrase en remplaçant les DÉTERMINANTS (D), NOMS (N) et VERBES (V) par d'autres D, N, V.

DÉJOUONS LES PIÈGES

a. Pourquoi « dis » se termine par un « s » ?
b. Comment se rappeler du « et » à la fin de « secret » ?
c. Comment entendre le « s » à la fin de « mais » et peut-on se rappeler facilement du « ai » ?
d. Quels mots très utiles commencent aussi par « au » ?
e. Pourquoi le premier « à » s'écrit un accent mais pas le deuxième ?

CHERCHONS LE SENS DU PROVERBE

- Qu'est-ce qu'un secret ?
- D'après ce proverbe, qu'est-ce que va faire ton ami ?
- Quel est le conseil caché de ce proverbe ?

FONCTIONNEMENT DE LA PHRASE

1. GROUPES du NOM : (ton + secret » ; (un + ami) ; (ton + ami)
2. **VERBES** = « dis » et « a » : *Tu NE **dis** PAS ton secret à un ami mais ton ami N'**a** PAS non plus d'ami.*
3. SUJET1 (du **VERBE** « dis ») = Tu (PPS)
4. SUJET2 = « ton ami » : *C'EST ton ami QUI a aussi un ami.*
5. *Les deux **VERBES** sont conjugués au PRÉSENT.*
6. 6. Au PASSÉ : *Tu **disais** ton secret à un ami, mais ton ami **avait** aussi un ami.*
   *ou Tu **as dit** ton secret ..., mais ton ami **a eu** aussi un ami.*
1. *au FUTUR : Tu **diras** ton secret à un ami, mais ton ami **aura** aussi un ami.*
2. INFINITIF = « dire » et « avoir » (*Tu vas **dire** ton secret à un ami, mais ton ami va aussi **avoir** un ami.)*

ASTUCES pour éviter les pièges

a. La TERMINAISON de « dis » s'explique par l'accord SUJET-**VERBE**. (TU → ...**s**)
b. « secret » se termine par « et » comme « jouet » et « bonnet » par exemple. On entend le « t » dans « secrète ».
c. On peut entendre le « s » dans « *oui, mais encore du maïs !* ». On peut remarquer que « mais » s'écrit comme le « maïs » avec le tréma en moins. « mais » est aussi proche de « malgré ».
d. « au » commence comme « au », « aussitôt », « autant ».
e. On ne peut pas remplacer « à » par « avait » : *Tu dis ton secret **avait** un ami... Il ne s'agit donc pas du **VERBE** « avoir ».*

SENS DU PROVERBE

Un secret est une information que beaucoup de gens ne savent pas. Cela attire la curiosité. Un ami est quelqu'un en qui on a confiance. Si ton ami dit aussi ses secrets à son ami (en qui il a confiance), il va aussi lui répéter ton secret qui est devenu son secret. Le conseil est donc de ne pas dire ses secrets, même à ses amis.

PROVERBE n° 15 (QUINZE) – Origine : TURQUIE

Il ne regardait ni l'habit, ni le cheval. Il regardait le cœur.

JOUONS AVEC LES PHRASES

1. Trouvez les trois GROUPES du NOM (DÉTERMINANT + NOM)
2. Dites le contraire de la seconde phrase et trouvez les **VERBES** (ils sont entre NE ...et...PAS)
3. Trouvez les <u>SUJETS</u> (ce sont des <u>PPS</u>).
4. Remplacez le <u>PPS</u> par un groupe (DÉTERMINANT + NOM).
5. À quel temps sont conjugués les **VERBES** ?
6. Refaites les phrases au PRÉSENT puis au FUTUR.
7. Quel est l'INFINITIF du **VERBE** ? Vous pouvez le faire apparaître en conjuguant au FUTUR PROCHE (il va...).
8. Inventez une nouvelle phrase en remplaçant les DÉTERMINANTS, les **VERBES** et les NOMS.

DÉJOUONS LES PIÈGES

a. Pourquoi « regardait » se termine par « ait »
b. Comment entendre le « t » dans « regardait » ?
c. Quels mots proches de « habit » commencent aussi par un « h » ? Ces mots permettent aussi d'entendre le « t » !
d. Vous rappelez-vous d'autres mots qui ont un « œ » ?
e. ! N'oubliez pas la majuscule à « Il » car c'est le début de la seconde phrase.

CHERCHONS LE SENS DU PROVERBE

- Que devine-t-on sur la personne (il) qui ne regardait ni l'habit, ni le cheval ?
- Que peut signifier « regarder le cœur » ?
- Aujourd'hui, on ne se déplace plus à cheval. Que dirait-on ?

FONCTIONNEMENT DE LA PHRASE

1. GROUPES du NOM : (l' + habit) ; (le + cheval) ; (le + cœur)
2. **VERBE** = « regardait » : *Il NE **regardait** PAS le cœur.*
3. SUJETS = IL
4. *PPS : Le sage, il ne regardait ni l'habit ni le cheval.*
5. Les **VERBES** sont conjugués au passé (IMPARFAIT).
6. Au PRÉSENT : *Il ne **regarde** ni l'habit ... Il **regarde** le cœur.*
   Au FUTUR : *Il ne **regardera** ni l'habit ... Il **regardera** le cœur.*
7. INFINITIF = « regarder » : *Il va **regarder** le cœur.*
8. *Il ne prenait ni le bus, ni le métro. Il prenait le tramway.*
   V N N N

ASTUCES pour éviter les pièges

a. La TERMINAISON « ait » s'explique par l'accord SUJET-**VERBE** à l'IMPARFAIT qui sont :
   JE → ... **ais,** TU →... **ais,** IL/ELLE → ... **ait**, NOUS → ... **ions**, VOUS → ... **iez,** ILS/ELLES → ...**alent**,.
b. On peut entendre le « t » final en disant : « Regardait-il » ?
c. Il faut se rappeler que « habiter » et « habitude » prennent un « h » au début : « Mon corps **h**abite mon **h**abit, c'est une **h**abitude. » Dans ces deux mots, on entend le « t ».
d. cœur, sœur, œuf, bœuf, œil.

SENS DU PROVERBE

La première chose qu'on voit chez une personne, c'est son apparence. Le sage ne s'arrête pas à ce que tout le monde voit et apprécie (vêtement, maison, voiture). Le sage cherche ce qui ne se voit si facilement, le cœur (c'est-à-dire sa bonté), mais aussi ses pensées, ses intentions. Aujourd'hui, on dirait :

« *Il ne regardait ni l'habit, ni la voiture. Il regardait le cœur.* »

PROVERBE n° 16 (SEIZE) – Origine : PERSE

Tu récolteras ce que tu as semé.
Voilà la loi de l'univers.

JOUONS AVEC LES PHRASES

1. Trouvez les deux G.N. (DÉTERMINANT + NOM) de la seconde phrase.
2. Dites le contraire de la première phrase (forme négative) et trouvez les **VERBES**. Pensez à changer le début et la fin de la phrase.
3. Trouvez les SUJET (ce sont des PPS).
4. À quel temps est conjugué le premier **VERBE** ? et le second **VERBE** ?
5. Refaites la phrase en mettant les **VERBES** au PRÉSENT.
6. Quel est l'INFINITIF des **VERBES** ? Vous pouvez les faire apparaître en conjuguant au FUTUR PROCHE.
7. Avez-vous remarqué que la seconde phrase n'a pas de **VERBE** ?
8. Inventez une nouvelle phrase par substitutions.

DÉJOUONS LES PIÈGES

a) Pourquoi y a-t-il un « s » à la fin de « récolteras » et de « as » ?
b) Pourquoi « ce » ne s'écrit pas avec un « s » ?
c) Pourquoi y a-t-il une apostrophe après le « l » ?
d) Comment se rappeler du « s » à la fin de « univers » ?
e) Ne pas oublier la majuscule au début de la seconde phrase.

CHERCHONS LE SENS DU PROVERBE

- Que veulent dire les mots « semer » et « récolter » (pour un paysan et de façon plus générale) ?
- Si vous semez des graines de carottes, du blé ou des lentilles, allez-vous récolter des fraises ou des noix de coco ?
- Ce proverbe ne parle pas que de plantations. Que veut-il dire ?

FONCTIONNEMENT DE LA PHRASE

1. G.N. = (la + loi) ; (l' + univers)
2. **VERBES** : *Tu NE* ***récolteras*** *PAS ce que tu N'****as*** *PAS* ***semé.***
3. SUJET1 = SUJET2 = TU
4. Le **VERBE** « récolteras » est conjugué au FUTUR.
   Le **VERBE** « as semé » est conjugué au PASSÉ COMPOSÉ.
   On peut dire : *Tu récolteras demain ce que tu as semé hier.*
5. Au PRÉSENT : *Tu* ***récoltes*** *ce que tu* ***sèmes.***
6. INFINITIFS : Tu vas **récolter** ce que tu vas **semer**.
7. Il existe en effet des phrases sans **VERBE**. On les appelle des phrases nominales.
8. Exemple : *Tu trouveras ce que tu as rangé.*

ASTUCES pour éviter les pièges

a) La TERMINAISON « s» s'explique par l'accord SUJET-**VERBE**. (TU → …**s**)
b) « se » est placé devant un VERBE (se laver, se sauver).
   Ici, « ce » est un PRONOM, il remplace un nom :
   Tu récolteras la graine que tu as semée.
c) On ne peut pas dire « le univers». Le « e » a disparu et a laissé l'apostrophe en souvenir.
d) On peut penser au mot « univer**s**el ».

SENS DU PROVERBE

Le paysan met des graines dans la terre, il sème. Ce qui pousse, il le cueille ou le récolte. Mais on peut aussi dire « semer la pagaille », c'est à dire le désordre. Ce proverbe nous apprend que nos actions et nos paroles grandissent avec le temps comme des fruits. On retrouvera donc un jour les résultats de ce que nous avons fait, le bien comme le mal.

PROVERBE n° 17 (DIX-SEPT) – Origine : ARABE

Trop tendre, on vous pressera. Trop sec, on vous cassera.

JOUONS AVEC LES PHRASES

1. Trouvez les deux ADJECTIFS (en les remplaçant par un autre ADJECTIF)
2. Mettez ces deux phrases à la forme négative pour trouver les **VERBES**
3. Trouvez les <u>SUJETS</u>.
4. Remplacez les <u>PPS</u> par un G.N. (=DÉTERMINANT + NOM)
5. À quels temps sont conjugués les **VERBES** ?
6. Conjuguez les phrases au PRÉSENT puis au PASSÉ.
7. Trouvez les INFINITIFS des **VERBES** (FUTUR PROCHE).
8. Inventez une phrase par substitutions.

DÉJOUONS LES PIÈGES

a) Comment entendre le « p » à la fin de « trop » ?
b) Comment se rappeler que « tendre » s'écrit avec « en » ?
c) Pourquoi « on » ne s'écrit pas « ont » ?
d) Pourquoi n'y a-t-il pas d'accent dans les mots « pressera » et « sec » ?
e) Rappel : ne pas oublier les majuscules à « Trop » au début de chaque phrase.

CHERCHONS LE SENS DU PROVERBE

- À quel objet s'applique d'abord ce proverbe ?
- Pour une personne, comment faut-il comprendre le proverbe ?

FONCTIONNEMENT DE LA PHRASE

1. ADJECTIFS : « sec » et « tendre ». On peut dire : « trop petit ».
2. ***VERBE1*** *= pressera : On NE vous* ***pressera*** *PAS.*
   VERBE2 *= cassera : On NE vous* ***cassera*** *PAS.*
3. SUJET1 = SUJET2 = « on » (PPS)
4. PPS→ G.N. : « on » = « le monde »
5. Les deux **VERBES** sont conjugués au FUTUR.
   On prévient : « voilà ce qui risque de vous arriver plus tard ».
6. Au PASSÉ : *On vous* ***a pressé****. On vous* ***a cassé****.*
   ou *On vous* ***pressait****. On vous* ***cassait****.*
   Au PRÉSENT : *On vous* ***presse****. On vous* ***casse****.*
7. INFINITIF : *On va vous* ***presser****. On va vous* ***casser****.*

ASTUCES pour éviter les pièges

a) On peut entendre le « p » « trop » en faisant la liaison
b) « trop étroit ».
c) Aucun moyen facile. Ajouter ce mot à « la liste EN de Père Legendre»
d) « on » est un PPS. « on » peut être remplacé par « il » tandis que « ont » (**VERBE** « avoir) peut être remplacé par « avaient ».
e) Le mots qui se terminent en « ec » comme « bec »n'ont pas d'accent. De même, un « e » suivi de deux « ss » se prononce « èsse » mais n'a pas besoin d'accent (comme « fesse »).

SENS DU PROVERBE

Ce proverbe semble s'adresser à des produits de la terre : plantes, fruits, bois, céréales. Son sens est le suivant : si vous êtes trop tendre, trop doux, on vous pressera comme un fruit pour profiter de votre gentillesse et faire de vous ce qu'on veut. Si vous êtes trop sec, trop dur, on vous brisera comme un bâton car on ne vous supportera plus.

PROVERBE n° 18 (DIX-HUIT) – Origine : INDE

Si tu as un diamant dans le cœur, il brillera sur ton visage.

JOUONS AVEC LA PHRASE

1. Trouvez les trois GROUPES du NOM ou GN (DÉTERMINANT + NOM)
2. Dites le contraire de cette phrase, et trouvez les **VERBES** (ils sont entre NE ...et...PAS)
3. Trouvez les SUJETS (ce sont des PPS).
4. Que remplace le mot « il » ?
5. À quel temps est conjugué le premier **VERBE** ? et le second **VERBE** ?
6. Refaites les deux phrases au PASSÉ.
7. Quel est l'INFINITIF des deux **VERBES** ? Vous pouvez les faire apparaître en conjuguant au FUTUR PROCHE (tu vas...il va...).
8. Inventez une nouvelle phrase en remplaçant les DÉTERMINANTS, les **VERBES** et les NOMS.

DÉJOUONS LES PIÈGES

a. Pourquoi y a-t-il un « s » à la fin de « as » ?
b. Comment se rappeler que « diamant » s'écrit avec « an » ?
c. Comment entendre le « t » à la fin de « diamant » ?
d. N'oubliez pas le « œ » dans cœur. Quels mots ont la même originalité que « cœur » ?

CHERCHONS LE SENS DU PROVERBE

- Il n'est pas possible d'avoir réellement un diamant dans le cœur.
- Alors, qu'est-ce que représente le diamant ?
- Et qu'est ce qui brille sur le visage ?

FONCTIONNEMENT DE LA PHRASE

3. G..N = (un + diamant), (ton + cœur), (ton + visage)
4. **VERBES** = « as » et « brillera » : Si tu N'**as** PAS un diamant dans le cœur, il NE **brillera** PAS sur ton visage.
5. SUJET-1 = TU ; SUJET-2 = IL
6. « il » est un PPS qui remplace « diamant ».
   Le diamant, il brillera dans ton cœur.
7. *« as » est au PRÉSENT ; « brillera» est au FUTUR.*
   Maintenant, tu as un diamant dans le cœur. Bientôt, il brillera…
8. au PASSÉ : *Tu **avais** un diamant... Il **brillait** sur ton visage.*

ou *Tu **as eu** un diamant... Il **a brillé** sur ton visage.*

7. INFINITIFS = « avoir » et « briller » Tu vas **avoir**…. Il va **briller**…)
8. *Si tu caches le chat dans ton manteau, il déchirera ta chemise.*

ASTUCES pour éviter les pièges

a. La TERMINAISON de « as » s'explique par l'accord SUJET-**VERBE**. (TU →…**s**).
b. On peut ajouter « diamant » dans le texte de Maman Amanda.On peut aussi faire une association : on aime les diamants, ils sont aim**a**bles.
c. Le diamant aimante le regard. On entend le « t » dans « aiman**t**e » et dans « diaman**t**aire » (marchand de diamants).
d. Les mots : **cœur, sœur, œuf, bœuf, œil** sont des mots difficiles, mais il faut les lire, les relire et les recopier jusqu'à ne plus faire de faute.

SENS DU PROVERBE

Le diamant est une pierre de très grande valeur, un trésor. Le cœur est le symbole de l'amour, des sentiments.
Avoir « un diamant dans le cœur » signifie « être une personne riche en amour ». Autrement dit : « Si tu aimes les autres, on voit sur ton visage que tu es une bonne personne ».

PROVERBE n° 19 (DIX-NEUF) – Origine : FRANCE

Petit à petit, l'oiseau fait son nid.

JOUONS AVEC LA PHRASE

1. Trouvez les deux G.N. (DÉTERMINANT + NOM)
2. Dites le contraire de cette phrase (forme négative) et trouvez le **VERBE**.
3. Trouvez le SUJET (en l'encadrant par « C'EST… QUI …»)
4. Remplacez le SUJET par le bon PPS.
5. À quel temps est conjugué le **VERBE** ?
6. Refaites la phrase au PASSÉ puis au FUTUR.
7. Quel est l'INFINITIF du **VERBE** ? Vous pouvez le faire apparaître en conjuguant au FUTUR PROCHE.
8. Inventez une nouvelle phrase par substitutions.

DÉJOUONS LES PIÈGES

a) Comment entendre le « t » à la fin de « petit » ?
b) Pourquoi y a-t-il un accent sur le « à » ?
c) Pourquoi y a-t-il une apostrophe après le « l » ?
d) Comment se rappeler que « oiseau » se termine par « seau » ?
e) Comment entendre le « a » et le « t » de « fait » ?
f) Comment entendre le « d » à la fin de « nid » ?

CHERCHONS LE SENS DU PROVERBE

- Pourquoi « petit à petit » est très important dans ce proverbe ?
- Combien d'aller-retour fait un oiseau pour construire son nid, avec son bec ?
- Que nous enseigne ce proverbe ?

FONCTIONNEMENT DE LA PHRASE

1. G.N. = *(l' + oiseau) ; (son + nid)*
2. **VERBE** = « fait » : Petit à petit, l'oiseau NE **fait** PAS son nid.
3. SUJET = « l'oiseau ».*C'EST l'oiseau QUI fait son nid*
4. *PPS : Il (=l'oiseau) fait son nid.*
5. Le **VERBE** est conjugué au PRÉSENT.
6. Au PASSÉ : *Petit à petit, l'oiseau **faisait** son nid.*
   ou *Petit à petit, l'oiseau **a fait** son nid.*
   Au FUTUR *:* *Petit à petit, l'oiseau **fera** son nid.*
7. *INFINITIF :* *Petit à petit, l'oiseau va **faire** son nid.*
8. Exemple *: Petit à petit, la mer ronge les rochers.*

ASTUCES pour éviter les pièges

a) Dans « petite », on peut entendre le « t ».
b) « à » ne peut pas être remplacé par « avait » (*Petit avait petit…*), Ce n'est pas le **VERBE** « avoir », on doit mettre un accent.
c) On ne peut pas dire « le oiseau » (le « e » disparait et laisse une apostrophe en souvenir.)
d) Le « z » est rare ; « oiseau » s'écrit avec un « s ». Le mot « oiseau » se termine comme « l'**eau** ». A vous d'imaginer pourquoi. Un « oiseleur » capture les oiseaux.
e) Quand je dis : « Comment fait-il ? », j'entends le « t » donc « il fait » s'écrit avec un « t ». Penser que « faire » s'écrit avec un « a » comme « fabriquer »
f) « nidifier » signifie « construire un nid ».

SENS DU PROVERBE

« Petit à petit » signifie « tout doucement », brindille après brindille. L'oiseau fait mille aller-retour pour construire son nid. Ce proverbe nous enseigne la patience et le courage. Lorsque nous devons faire une chose longue ou difficile, soyons comme les oiseaux.

PROVERBE n° 20 (VINGT) – GRAFFITI dans un camp de prisonniers

Je crois au soleil même quand il ne brille pas.

JOUONS AVEC LA PHRASE

1. Trouvez le NOM..
2. Mettez le début de cette phrase à la forme négative pour trouver le premier **VERBE.**
3. Trouvez le second **VERBE.**
4. Trouvez les <u>SUJETS</u>.
5. À quels temps sont conjugués les **VERBES** ?
6. Conjuguez la phrase au PASSÉ puis au FUTUR.
7. Trouvez les INFINITIFS des **VERBES**.
8. Inventez une phrase par substitutions.

DÉJOUONS LES PIÈGES

a) Comment entendre le « s » à la fin de « crois » ?
b) Pourquoi « au » s'écrit avec un « a » ?
c) Que faut-il faire pour se rappeler du mot « quand » ?
d) Pourquoi n'y a-t-il pas d'autre façon d'écrire les mots « soleil » et « brille » ?
e) Rappel : tous les mots commençant par « cr » s'écrivent avec un « c ».

CHERCHONS LE SENS DU PROVERBE

- Où est le soleil quand on ne le voit pas ?
- Trouvez d'autres choses qu'on ne voit pas mais qui existent ?
- Que nous transmet cette phrase ?

FONCTIONNEMENT DE LA PHRASE

1. NOM = « soleil »
2. **VERBE1** = « croire » : *Je NE **crois** PAS au soleil…*
3. **VERBE2** = « brille » : *…il NE **brille** PAS.*
4. SUJET1 = « Je » ; SUJET2 = « il » (PPS)
5. Les deux **VERBES** sont conjugués au PRÉSENT.
6. Au PASSÉ : *Je **croyais** au soleil… il ne **brillait** pas.*
   ou *J'**ai crû** au soleil… il n'**a** pas **brillé**.*
   Au FUTUR : *Je **croirai** au soleil… il ne **brillera** pas.*
7. INFINITIFS : *Je vais **croire** au soleil… il ne v apas **briller**.*

ASTUCES pour éviter les pièges

a) On entend le « s » dans la liaison : « Je crois au soleil… ».
b) « au » signifie « à le » ce qui explique le « a ».
c) Le mot « quand » doit être photographié (le lire et l'écrire). L'ajouter à « la liste des mots de maman Amanda ».
d) « soleil » est un NOM MASCULIN, il ne peut se terminer que par « eil ». Pour « brille », Aucun **VERBE** ne se termine par « rye ».

SENS DU PROVERBE

Le soleil est parfois caché par les nuages, ou bien il se trouve de l'autre côté de la Terre, la nuit. Tout ce qui est caché, trop loin ou ce qui est très petit existe même si ce n'est pas visible. Cette phrase nous donne la force de croire et d'espérer.

PROVERBE n° 21 (VINGT ET UN) – Origine : FRANCE

La violence a perdu.
La douceur a été plus habile.

JOUONS AVEC LES PHRASES

1. Trouvez les deux G.N. (DÉTERMINANT + NOM)
2. Trouve l'ADJECTIF (on peut le remplacer par un autre ADJECTIF.
3. ites le contraire de ces phrases (formes négatives) et trouvez les **VERBES**.
4. Trouvez les SUJETS (en les encadrant par « C'EST… QUI …»)
5. Remplacez les deux sujets par les bons PPS.
6. À quels temps sont conjugués les **VERBES** ?
7. Refaites les phrases au PRÉSENT puis au FUTUR.
8. Quel est l'INFINITIF des **VERBES** ? Vous pouvez le faire apparaître en conjuguant au FUTUR PROCHE.
9. Inventez une nouvelle phrase par substitutions.

DÉJOUONS LES PIÈGES

Les pièges de ce proverbe sont assez coriaces.

a) Peut-on se souvenir du « en » dans « violence » ?
b) Y a-t-il d'autres mots qui se terminent comme violence ?
c) Pourquoi « douceur » s'écrit-il avec un « c » ?
d) Comment se rappeler du « h » au début de « habile » ?
e) Rappel : faire la liaison pour entendre le « s » de « plus ».
f) Remarque : « la douceur » est féminin mais ne se termine pas par un « e ».

CHERCHONS LE SENS DU PROVERBE

- Que signifie « habile » ?
- Pourquoi la violence n'est pas habile ?
- Trouvez une situation où la douceur vaut mieux que la violence.

FONCTIONNEMENT DE LA PHRASE

1. G.N. = (la + violence) ; (la + douceur)
2. ADJECTIF = « habile ».La douceur a été plus forte (efficace,...).
3. ***VERBES*** *: La violence N'**a** PAS **perdu**.*
   *La douceur N'**a** PAS **été** plus habile.*
4. SUJET1 *C'EST la violence QUI a perdu.*
   SUJET2 *C'EST la douceur QUI a été plus habile.*
5. *PPS : Elle (= la violence) a perdu. Elle (= la douceur) a été ...*
6. Les deux **VERBES** sont conjugués au PASSÉ COMPOSÉ. On ne peut plus rien changer, la chose est finie.
7. Au PRÉSENT : *La violence **perd**. La douceur **est** plus habile.*
   Au FUTUR *: La violence **perdra**. La douceur **sera** plus habile.*
8. INFINITIF : *La violence va **perdre**. La douceur va **être** plus...*
9. Exemple : *La tortue a gagné. Le lièvre a été plus paresseux.*

ASTUCES pour éviter les pièges

a) Les enfants peuvent penser à la « violette », fleur sauvage. Les adultes trouveront un autre mot proche.
b) « la violence » se termine comme « patience » ou « la différence ». Mais beaucoup de mots se terminent aussi par « ance ».
c) « douceur » s'écrit avec un « c » comme « douce ». Encore un mot qu'il faut photographier mentalement. Observe et recopie.
d) Pour le « h » de « habile », on peut imaginer un bûcheron, **h**abile avec sa **h**ache.

SENS DU PROVERBE

On est habile quand on réussit à faire quelque chose parce qu'on est doué, ou bien entraîné ou intelligent. La violence n'est pas habile car elle répond à une émotion sans prendre le temps de réfléchir. La violence détruit. La douceur évite ces pièges. Dans presque toutes les situations, si vous demandez avec douceur, vous avez plus de chance d'obtenir ce que vous voulez qu'en utilisant la violence.

PROVERBE n° 22 (VINGT-DEUX) – Origine : PERSE

Une main douce dirige l'éléphant avec un cheveu.

JOUONS AVEC LA PHRASE

1. Trouvez l'ADJECTIF (on peut le remplacer par un autre ADJECTIF ou SUPPRIMER). Quel NOM précise-t-il ?
2. Trouvez les trois G.N.(=DÉTERMINANT + NOM + ADJECTIF)
3. Mettez cette phrase à la forme négative pour trouver le **VERBE.**
4. Trouvez le SUJET. (C'EST...QUI).
5. Remplacez le SUJET par le bon PPS.
6. À quel temps est conjugué le **VERBE** ?
7. Conjuguez la phrase au PASSÉ puis au FUTUR.
8. Trouvez l' INFINITIF du **VERBE** (FUTUR PROCHE).
9. Inventez une phrase par substitutions.

DÉJOUONS LES PIÈGES

a) Comment se rappeler que « main » s'écrit avec un « a » ?
b) Trouvez d'autres mots de la famille de « doux ».
c) Pourquoi « dirige » ne s'écrit pas avec un « j » ?
d) Pourquoi y a-t-il une apostrophe derrière le « l » ?
e) Quel piège est facile à éviter dans « éléphant » ?
f) Connais-tu d'autres mots qui se terminent par « eu » comme « cheveu » ?

CHERCHONS LE SENS DU PROVERBE

- Quels sont les deux mots complètement opposés ?
- Quelle qualité est mise en valeur par ce proverbe ?
- Trouvez d'autres exemples pour montrer la même chose.

FONCTIONNEMENT DE LA PHRASE

1. ADJECTIF : « douce ». Il précise le NOM « main ».
   On peut dire : « Une petite main ». « douce » est un
2. GN : (une + main + douce) ; (l + éléphant) ; (un + cheveu)
3. **VERBE** = dirige *: Une main douce NE **dirige** PAS…*
4. SUJET = une main douce :
   C'EST une main douce QUI dirige…
5. PPS : *Elle (= la main douce) dirige l'éléphant…*
6. Le **VERBE** est conjugué au PRÉSENT.
7. Au PASSÉ : *Elle **dirigeait** l'éléphant…*
   ou *Elle **a dirigé** l'éléphant…*
   Au FUTUR : *Elle **dirigera** l'éléphant…*
8. INFINITIF : *Elle va **diriger** l'éléphant …*

ASTUCES pour éviter les pièges

a) « main » s'écrit avec un « a » comme « m**a**nipuler »
b) « douceur, doucement » s'écrivent aussi avec un « c ».
c) Aucun mot ne se termine pas « je ».
d) « le éléphant » n'est pas joli à entendre. Le « e » de « le » a laissé la place à une apostrophe.
e) On entend le « t » dans « éléphan**t**e » et « éléphan**t**eau ». Mais, « ph » et « an » sont des pièges qui obligent à photographier ce mot (lis-le et écrit le plusieurs fois).
f) « pneu », « feu », « jeu », « lieu » sont des NOMS MASCULINS. Remarque : ils se terminent par un « x » au PLURIEL.

SENS DU PROVERBE

Le cheveu est petit et léger, l'éléphant est très gros et lourd. Inutile de crier ou de frapper l'éléphant, son maître doit aussi être son ami. Que ce soit avec des enfants ou des adultes, on obtient beaucoup plus avec la politesse et la gentillesse qu'avec la brutalité.

PROVERBE n° 24 (VINGT-QUATRE) – Origine : ARABE

L'homme sage continue toujours de chercher la sagesse.

JOUONS AVEC LA PHRASE

1. Trouvez l'ADJECTIF (on peut le remplacer par un autre ADJECTIF ou le supprimer). Quel NOM précise-t-il ?
2. Trouvez les deux G.N.
3. Mettez cette phrase à la forme négative pour trouver le **VERBE.**
4. Trouvez le SUJET puis remplacez le SUJET par le bon PPS.
5. À quel temps est conjugué le **VERBE** ?
6. Conjuguez la phrase au PASSÉ puis au FUTUR.
7. Trouvez l'INFINITIF du VERBE.
8. Trouvez un **VERBE** à l'INFINITIF (verbe qui n'est pas conjugué).
9. Inventez une phrase par substitutions.

DÉJOUONS LES PIÈGES

a) Pourquoi y a-t-il une apostrophe devant « homme » ?
b) Comment se rappeler du « s » à la fin de « toujours » ?
c) Pourquoi « chercher » se termine par « er » ?
d) Rappel : le mot « homme » doit être photographié.
e) Remarques : le « g » de « sage », le « c » de « continue » et le « e » sans accent de « sagesse » ne sont plus des difficultés pour vous.

CHERCHONS LE SENS DU PROVERBE

- Qu'est ce que la sagesse ?
- Qu'est ce qu'un champion sportif, un artiste ou un savant doivent continuer de faire ?
- Quelles sont les choses qu'on peut s'arrêter de chercher ? Pourquoi pas la sagesse ?

FONCTIONNEMENT DE LA PHRASE

1. ADJECTIF = « sage » : *L'homme grand continue…*
   On peut le supprimer : *L'homme continue toujours de chercher…*
2. G.N. : (L' + homme + sage) ; (la + sagesse)
3. **VERBE** = « continuer ».
   *L'homme sage NE **continue** PAS toujours de chercher…*
4. SUJET = « L'homme sage »
   C'EST l'homme sage QUI continue toujours de chercher…
   PPS : Il (= L'homme sage) continue toujours de chercher…
5. Le **VERBE** est conjugué au PRÉSENT.
6. Au PASSÉ : *Il **continuait** toujours de chercher …*
   ou *Il **a** toujours **continué** de chercher …*
   Au FUTUR : *Il **continuera** toujours de chercher …*
7. INFINITIF : *Il va **continuer** de chercher…*
8. « chercher » est un autre **VERBE** à l'INFINITIF.

ASTUCES pour éviter les pièges

a) Il n'est pas joli d'entendre « le homme ». Le « e » a disparu.
b) « toujours » signifie « tous les jours », on peut donc se dire que c'est un mots qui a un sens PLURIEL.
c) On peut remplacer « chercher » par un **VERBE** à l'INFINITIF comme « vendre, dire, voir » mais pas par « vendu, dit, vu ».

SENS DU PROVERBE

La sagesse est la qualité de quelqu'un qui cherche à avoir un bon comportement dans la vie. C'est ce que nous apprennent nos proverbes. Sportifs, artistes et savants doivent toujours continuer à s'exercer pour progresser. Ils peuvent toujours apprendre. Si l'on cherche un objet, un endroit, une personne, on peut les trouver et s'arrêter de chercher. La sagesse n'est pas une chose qu'on peut attraper. Elle ne s'épuise pas.

PROVERBE n° 25 (VINGT-CINQ) – Origine : TANZANIE

La girafe est sage. Elle voit loin et elle ne fait pas de bruit.

JOUONS AVEC LES PHRASES

1. Trouvez l'ADJECTIF (on peut le remplacer par un autre ADJECTIF)
2. Trouvez le G.N.
3. Trouvez un autre NOM.
4. Mettez la première phrase et le début de la deuxième phrase à la forme négative pour trouver les trois **VERBES**
5. Trouvez les <u>SUJETS</u>.
6. Remplacez le premier <u>SUJET</u> par le bon <u>PPS</u>.
7. À quels temps sont conjugués les **VERBES** ?
8. Conjuguez les phrases au PASSÉ puis au FUTUR.
9. Trouvez les INFINITIFS des **VERBES**.
10. Inventez une phrase par substitutions.

DÉJOUONS LES PIÈGES

a) Pourquoi « girafe » ne commence pas par un « j » ?
b) Comment choisir entre « est » et « et » ?
c) Pourquoi « voit » et « fait » se terminent par un « t » ?
d) Comment entendre le « t » à la fin de « bruit » ?

CHERCHONS LE SENS DU PROVERBE

- Quelles sont les deux qualités de la girafe et à qui lui servent-elles ?
- Si on applique ce proverbe aux hommes, que signifie « voir loin » et « ne pas faire de bruit » ?

FONCTIONNEMENT DE LA PHRASE

1. ADJECTIF = « sage » : *La girafe est grande.*
2. G.N. : (la + girafe)
3. NOM = « bruit »
4. **VERBES1** = est : *La girafe N'**est** PAS sage.*
   VERBES = voit, fait. : *Elle NE **voit** PAS loin et NE **fait** PAS…*
5. SUJET1 = « La girafe » : *C'EST la girafe QUI est sage.*
   SUJET2 = SUJET3 = « elle » (PPS)
6. PPS : *Elle (= la girafe) est sage.*
7. Les trois **VERBES** sont conjugués au PRÉSENT.
8. Au PASSÉ : *La girafe **était** sage…Elle **voyait**…elle ne **faisait**..*
   ou *La girafe **a été** sage. Elle **a vu**…elle n'**a** pas **fait**…*
   Au FUTUR : *La girafe **sera** sage…Elle **verra**…Elle ne **fera**…*
9. INFINITIFS : *La girafe va **être** sage.*
   *Elle va **voir** loin et elle ne va pas **faire** de bruit.*

ASTUCES pour éviter les pièges

a) Aucun mot français ne commence par « ji ».
b) Si l'on peut remplacer le mot par « était », il faut écrire « est » (**VERBE** « être » conjugué), sinon c'est le mot qui lie deux choses (toi ET moi) et s'écrit « et ». *La girafe était sage.*
c) Les TERMINAISONS « t » s'expliquent par l'accord SUJET-**VERBE**. *Les trois **VERBES** sont du 3è groupe (TERMINAISON de l'INFINITIF : re, oir).* Au présent : ELLE → …**t**.
d) On entend le « t » dans « bru**it**age ».

SENS DU PROVERBE

La girafe voit loin car elle est grande ; elle ne fait pas de bruit car elle est muette. Ces avantages lui permettent de trouver la nourriture et d'échapper à ses ennemis plus facilement. Pour un homme, il faut penser à ce qui va se passer plus tard pour bien agir et à rester discret pour éviter les ennuis.

PROVERBE n° 26 (VINGT-SIX) – Origine : JAPON

J'ai trouvé le sac des envies. Il n'a pas de fond.

JOUONS AVEC LES PHRASES

1. Trouvez le G.N. (=GROUPE du NOM)
2. Trouvez deux autres NOMS.
3. Trouvez les **VERBES**.
4. Trouvez les <u>SUJETS</u>.
5. Remplacez le second <u>PPS</u> par un G.N.
6. À quels temps sont conjugués les **VERBES** ?
7. Conjuguez les phrases au FUTUR.
8. Trouvez les INFINITIFS des **VERBES**.
9. Inventez une phrase par substitutions.

DÉJOUONS LES PIÈGES

a) Pourquoi « J'ai » s'écrit de cette façon ?
b) Comment se rappeler du « en » de « envie » ?
c) Pourquoi « envies » se termine-t-il par un « e » et un « s » ?
d) Quels mots peuvent aider à se rappeler du « d » à la fin du mot « fond » ?
e) Rappel : l'apostrophe remplace un « e » disparu (J'…n').

CHERCHONS LE SENS DU PROVERBE

- Imaginez un sac où l'on mettrait toutes nos envies, que pourrait-on y trouver.
- Si ce sac n'a pas de fond, qu'est-ce qui arrivera ?
- Quelle leçon en tirer ?

FONCTIONNEMENT DE LA PHRASE

1) G.N. = (le + sac)
2) NOMS : « envies » et « fond ».
3) **VERBE1** = « ai trouvé » : *Je N'**ai** PAS **trouvé** le sac des envies.*
   VERBE2 = « a » : *Il N'**a** PAS de fond.*
4) <u>SUJET1</u> = J' (je), c'est un PPS. <u>SUJET2</u> = « il » (PPS).
5) <u>PPS</u> → G.N. : <u>Le sac</u> (= il) n'a pas de fond.
6) Le premier **VERBE** est conjugué au PASSÉ (l'action est finie) ; il s'agit du PASSÉ COMPOSÉ car il est composé de deux VERBES (ai + trouvé).
   Le second **VERBE** est conjugué au PRÉSENT (constat actuel).
7) Au FUTUR : *Je **trouverai** le sac ... Il n'**aura** pas de fond.*
8) INFINITIFS : Je vais **trouver** le sac des envies.
   Il ne va pas **avoir** de fond.

ASTUCES pour éviter les pièges

a) « J'al » = « Je al » est le **VERBE** « avolr » au PRÉSENT et s'écrit donc avec un « a ».
b) On peut se dire : « tant que j'ai envie, je suis en vie ». Ajouter le mot à la « liste des mots du père Legendre ».
c) « une envie » est FÉMININ ce qui explique le « e » final.
   a. « des envies » est PLURIEL, ce qui explique le « s ».
d) Dans les mots « fon**d**er », « fon**d**ation », on entend le « d ».

SENS DU PROVERBE

On a envie d'argent, de réussite, d'estime. Si nous mettions toutes nos envies dans un sac sans fond, il ne serait jamais plein et nous continuerions à y mettre toujours plus d' envies. Ce proverbe nous alerte : attention, vous ne serez jamais satisfaits si vous désirez trop de choses.

PROVERBE n° 27 (VINT-SEPT) – Origine : TURQUIE

Elle a voulu fuir la fumée.
Elle s'est jetée dans le feu.

JOUONS AVEC LES PHRASES

1. Trouvez les deux G.N. (=DÉTERMINANT + NOM)
2. Mettez ces deux phrases à la forme négative pour trouver les **VERBES**
3. Trouvez les SUJETS.
4. Remplacez les PPS par un G.N. (=DÉTERMINANT + NOM)
5. À quels temps sont conjugués les **VERBES** ?
6. Conjuguez les phrases au PRÉSENT puis au FUTUR.
7. Trouvez les INFINITIFS des **VERBES** (FUTUR PROCHE).
8. Trouvez un **VERBE** à l'INFINITIF.
9. Inventez une phrase par substitutions.

DÉJOUONS LES PIÈGES

- Pourquoi le deuxième « Elle » commence par une majuscule ?
- Pourquoi le mot « fumée » se termine-t-il par un « e » ?
- Pourquoi « est » s'écrit-il « e-s-t » ?
- Pourquoi y a-t-il un « e » à la fin de « jetée » ?
- Pourquoi y a-t-il un « s' » tout seul ?
- Comment entendre le « s » à la fin de « dans » ?

CHERCHONS LE SENS DU PROVERBE

- Comment expliquer le comportement de cette personne ?
- Quelle leçon peut-on tirer de cette histoire ?

FONCTIONNEMENT DE LA PHRASE

- G.N. : (la + fumée) ; (le + feu)
- ***VERBE1*** *= « a voulu ». Elle N'**a** PAS **voulu** fuir la fumée.*
  VERBE2 *= « s'est jetée ». Elle NE **s'est** PAS **jetée** dans le feu.*
- SUJET1 = SUJET2 = « elle » (PPS).
- PPS→G.N. : *La voisine a voulu fuir la fumée.*
- Les deux **VERBES** sont conjugués au PASSÉ COMPOSÉ.
- Au PRÉSENT : Elle **veut** fuir la fumée. Elle se **jette** dans le feu.
- Au FUTUR : Elle **voudra** fuir la fumée. Elle se **jettera** dans le feu.
- INFINITIFS = « vouloir » et « « se jeter » : *Elle va **vouloir** fuir la fumée. Elle va **se jeter** dans le feu.*
- « fuir » est un **VERBE** à l'INFINITIF

ASTUCES pour éviter les pièges

a) « Elle » est derrière un point. C'est le premier mot d'une phrase. « Elle » commence donc par une majuscule.
b) Comme beaucoup de NOMS FÉMININS, « La fumée » se termine par un « e ».
c) On peut remplacer « est » par « était » car c'est le **VERBE** « être ».
d) « Il s'est jeté » : (lui) MASCULIN; « Elle s'est jetée » : (elle) : FÉMININ. Le « e » est la marque du FÉMININ.
e) L'apostrophe est le souvenir du « e » disparu. « Elle a voulu **se** jeter ».
f) On peut l'entendre avec la liaison : « dans un feu ».

SENS DU PROVERBE

En voyant la fumée, elle a eu très peur. Quand on panique, on n'arrive plus à réfléchir, le corps agit seul et c'est parfois la catastrophe.Il ne faut donc pas se laisser dominer par nos émotions mais prendre le temps de réfléchir.

PROVERBE n° 28 (VINGT-HUIT) – Origine : INDE

Les fleurs ont leur parfum. Les hommes ont la politesse.

JOUONS AVEC LES PHRASES

1. Trouvez les quatre G.N. (=GROUPE du NOM)
2. Mettez ces deux phrases à la forme négative pour trouver les **VERBES**
3. Trouvez les SUJETS.
4. Remplacez les SUJETS par des PPS.
5. À quels temps sont conjugués les **VERBES** ?
6. Conjuguez les phrases au PASSÉ puis au FUTUR.
7. Trouvez les INFINITIFS des **VERBES**.
8. Inventez une phrase par substitutions.

DÉJOUONS LES PIÈGES

a) Pourquoi y a-t-il un « s » à la fin des mots « fleurs » et « hommes » ?
b) Pourquoi « ont » ne s'écrit pas « on » ?
c) Comment entendre le « m » de « parfum » ?
d) Pourquoi « politesse s'écrit-il sans accent » ?
e) Remarque : le mot « homme » doit être photographié : le lire et l'écrire de nombreuses fois.

CHERCHONS LE SENS DU PROVERBE

- Comment réagissent les gens devant une fleur qui sent bon ?
- Comment réagissent les gens devant quelqu'un de poli ?

FONCTIONNEMENT DE LA PHRASE

1. G.N. : (les + fleurs) ; (leur + parfum) ; (les + hommes) ; (la + politesse)
2. **VERBES** = « ont ». *Les fleurs N'**ont** PAS leur parfum. Les hommes N'**ont** PAS la politesse.*
3. *SUJET1 = « les fleurs » : CE SONT les fleurs QUI ont…*
   SUJET2 = « les hommes » : CE SONT les hommes QUI ...
4. *PPS : Elles = (les fleurs) ont leur parfum. Ils (= les hommes) ont la politesse.*
5. Les **VERBES** sont conjugués au PRÉSENT.
6. Au PASSÉ : *Les fleurs **avaient** leur parfum.*
   ou *Les fleurs **ont eu** leur parfum.*
   Au FUTUR : *Les fleurs **auront** leur parfum.*
7. INFINITIFS : *Les fleurs vont **avoir** leur parfum.*

ASTUCES pour éviter les pièges

a) Les NOMS « fleurs » et hommes » sont au PLURIEL (il y en a plusieurs). C'est pourquoi on a ajouté un « s ».
b) On peut conjuguer « ont » (**VERBE** « avoir ») : « les fleurs avaient un parfum », ce n'est donc pas le PPS « on ».
c) Penser aux mots « parfu**m**er » et « parfu**m**erie ».
d) les mots se terminant en « esse » comme « politesse » n'ont pas besoin d'accent « è ».

SENS DU PROVERBE

Une fleur au parfum agréable attire les gens. Cela leur donne du plaisir et du calme. De la même façon, une personne polie attire la sympathie car tout le monde aime être bien traité.

PROVERBE n° 29 (VINGT-NEUF) – Origine : GRÈCE

Je reconnais l'arbre à son fruit. Je reconnais l'homme à ses actes.

JOUONS AVEC LES PHRASES

1. Trouvez les quatre G.N.
2. Trouvez les **VERBES**
3. Trouvez les SUJETS.
4. À quels temps sont conjugués les **VERBES** ?
5. Conjuguez les phrases au PASSÉ puis au FUTUR.
6. Trouvez les INFINITIFS des **VERBES**.
7. Inventez une phrase par substitutions.

DÉJOUONS LES PIÈGES

a) Comment savoir qu'il y a un accent sur les « à » ?
b) Pourquoi « reconnais » se termine par « ais » ?
c) Peut-on se rappeler facilement que « reconnais » a deux « n » et que « homme » a un « h » et deux « m » ?
d) Comment se rappeler que « fruit » se termine par un « t » ?
e) Comment savoir que « ses » ne s'écrit pas « ces » ?
f) Pourquoi y a-t-il un « s » à « actes » ?
g) Rappel : les deux « l' » sont des « le » dont le « e » a disparu.

CHERCHONS LE SENS DU PROVERBE

- Quels arbres donnent des pommes, des poires, des pêches, des cerises, des abricots, des oranges, des citrons… ?
- Peut-on dire la même chose d'un homme qui ment, qui vole, qui est violent… ?
- Quelle est la leçon de ce proverbe. Quelles en sont les limites ?

FONCTIONNEMENT DE LA PHRASE

1. G.N. = (l' + arbre) ; (son + fruit) ; (l' + homme) ; (ses + actes)
2. **VERBES** = « reconnais » : *Je NE* ***reconnais*** *PAS l'arbre …*
3. <u>SUJETS</u> = « je » (PPS)
4. Les **VERBES** sont conjugués au PRÉSENT.
5. Au PASSÉ : *Je* ***reconnaissais*** *l'homme…*
   ou *J'ai* ***reconnu*** *l'homme …*
   Au FUTUR : Je **reconnaîtrai** l'homme…
6. INFINITIFS : *Je vais* ***reconnaître*** *l'homme…*

ASTUCES pour éviter les pièges

a) On ne peut pas dire : « Je reconnais l'arbre avait ses actes ». « à » n'est donc pas le *VERBE* avoir. Il porte donc un accent.
b) La TERMINAISON de « reconnais » s'explique par l'accord <u>SUJET</u>-**VERBE** : <u>JE</u> →…**s** au PRÉSENT pour un **VERBE** qui n'a pas un INFINITIF en ER (voir, dire, partir…)..
c) Facilement, non. Il faut donc bien lire et écrire ces mots pour les mémoriser.
d) On entend le « t » dans « frui**t**é, frui**t**ier ».
e) Au SINGULIER, on dirait : « Je reconnais l'homme à son acte » car il s'agit de son acte à lui (le **s**ien). « Ces actes » signifierait que l'on montre « ces actes-là, **c**eux dont je parle. ».
f) Le NOM « actes » est au PLURIEL, il se termine donc par un « s ».

SENS DU PROVERBE

On reconnaît le pommier, le poirier, le pêcher, le cerisier, l'abricotier, l'oranger et le citronnier en regardant leurs fruits. De même en regardant si un homme fait de bonnes ou de mauvaises choses, on peut savoir s'il est bon ou pas. Cependant, il ne faut pas juger trop vite et se méfier des apparences comme nous l'enseignent beaucoup d'autres proverbes.

PROVERBE n° 30 (TENTE) – Origine : CHINE

Si je domine les autres, je suis fort.
Si je me domine, je suis puissant.

JOUONS AVEC LES PHRASES

1. Trouvez un G.N.
2. Trouvez les deux ADJECTIFS (on peut les remplacer d'autres ADJECTIFS).
3. Mettez ces deux phrases à la forme négative pour trouver les quatre **VERBES**
4. Trouvez les <u>SUJETS</u>.
5. À quels temps sont conjugués les **VERBES** ?
6. Conjuguez les phrases au PASSÉ.
7. Trouvez les INFINITIFS des **VERBES** (FUTUR PROCHE).
8. Inventez une phrase par substitutions.

DÉJOUONS LES PIÈGES

a) Pourquoi y a-t-il un « s » à la fin de « autres » ?
b) Comment entendre le « s » à la fin de « suis » ?
c) Comment entendre le « t » à la fin de « fort » ?
d) Pourquoi « puissant » s'écrit-il avec 2 « s » ?
e) Comment entendre le « t » à la fin de « puissant » ?
f) Comment se rappeler que « puissant » s'écrit-il avec un « **a**n » ?

CHERCHONS LE SENS DU PROVERBE

- Quels sont les deux NOMS de la même famille que les ADJECTIFS « fort » et « puissant » ?
- Que signifie « (se) dominer » ?
- Comment comprendre ce proverbe ?

FONCTIONNEMENT DE LA PHRASE

1. GN = (les + autres)
2. ADJECTIFS = « fort » et « puissant ». On peut dire « je suis beau ».
3. *Si je NE **domine** PAS les autres, je NE **suis** PAS fort.*
*Si je NE **me domine** PAS, je NE **suis** PAS puissant.*
VERBE1 = « domine » **VERBE3** = « me domine » ;
VERBE2 = **VERBE4** = « suis »
4. les 4 SUJETS sont « je » (PPS).
5. Tous les **VERBES** sont conjugués au PRÉSENT (de VÉRITÉ).
6. Au PASSÉ : *Si **j'ai dominé** les autres, j'**ai été** fort.*
*Si je **me suis dominé**, j'**ai été** puissant.*
7. INFINITIFS : *Je vais **dominer**...je vais **être**... Je vais **me dominer***

ASTUCES pour éviter les pièges

a) Ce sont « les autre**s** » (DETERMINANT+NOM au PLURIEL)
b) On peut dire : « je suis en forme ».
c) On peut dire « forte »
d) Avec un seul « s » entre 2 voyelles (I et A) on entendrait « zan »
e) On peut dire « puissan**t**e »
f) La choix entre « an » et « en » est difficile, ajouter ce mot à « la liste des mots avec en AN de maman Amanda ».

SENS DU PROVERBE

La force et la puissance sont deux mots très proches mais avec la force, on fait, avec la puissance on peut (on a du pouvoir). « dominer » c'est être le maître, être au-dessus. Ce proverbe nous dit que le vrai pouvoir c'est celui qu'on a gagné sur soi-même en dominant sa peur, sa colère, ses envies. Ainsi, un pauvre pêcheur peut être plus puissant qu'un roi.

PROVERBE n° 31 (TRENTE ET UN) – Origine : INCONNUE

Si vous marchez trop vite, vous passerez à côté de beaucoup de choses.

JOUONS AVEC LA PHRASE

1. Trouvez les deux NOMS.
2. Trouvez les deux **VERBES**
3. Trouvez les SUJETS.
4. À quels temps sont conjugués les **VERBES** ?
5. Conjuguez la phrase au PASSÉ puis au FUTUR.
6. Trouvez les INFINITIFS des **VERBES**.
7. Inventez une phrase par substitutions.

DÉJOUONS LES PIÈGES

a) Comment entendre le « s » à la fin de « vous » ?
b) Pourquoi « marchez » et « passerez » se terminent par « ez » ?
c) Comment se rappeler du « p » de « trop » ?
d) Comment se rappeler de l'orthographe du mot « beaucoup » ?
e) Pourquoi y a t-il un « s » à la fin de « choses » ?

CHERCHONS LE SENS DU PROVERBE

- Si on se promène en marchant vite, que ne verra-t-on pas bien ?
- Est-ce que marcher doucement suffit à bien voir ?
- Plus largement, que nous encourage à faire ce proverbe ?

FONCTIONNEMENT DE LA PHRASE

1. NOMS : « côté » et « choses ».
2. **VERBES** = « marchez » et passerez » :
   *Si vous ne **marchez** PAS trop vite, vous NE **passerez** PAS…*
3. SUJETS = « vous » (PPS)
4. Les deux **VERBES** sont conjugués au PRÉSENT.
5. Au PASSÉ : *Si vous **marchiez** trop vite, vous **passie***
   ou *Si vous **avez marché** trop vite, vous **êtes passé**…*
   Au FUTUR : *(Quand) vous **marcherez**… vous **passerez**..*
   Remarque : on ne peut pas utiliser le FUTUR après « si ».
6. INFINITIFS : *quand vous allez **marcher**… vous aller **passer**…*

ASTUCES pour éviter les pièges

a) En faisant la liaison « vous avez… », on entend le « s ».
b) La TERMINAISON de « marchez » et de « passerez » est imposée par l'accord SUJET-**VERBE** : VOUS → …**ez**
c) La liaison « c'est trop étroit » permet de se rappeler du « p ».
d) « beaucoup » est un mot qui en cache deux : « beau » et « coup ». On peut se dire la phrase : « Un beau coup d'épée cou**p**e beaucoup de tiges ».
e) Le NOM « choses » est au PLURIEL. Il se termine donc par un « s ».

SENS DU PROVERBE

Lorsqu'on marche vite, on n'a pas le temps d'observer ; les choses passent trop vite autour de nous. Marcher doucement nous laisse plus de temps, mais cela ne suffit pas. En effet, si nous sommes plongés dans nos pensées, nous ne voyons pas ce qui se passe non plus. Ce proverbe nous dit « Prenez le temps d'observer ».

PROVERBE n° 33 (TRENTE-TROIS) – Origine : CHINE

Les fleurs poussent sur les rives de la rivière tranquille.

JOUONS AVEC LA PHRASE

1. Trouvez les trois G.N.
2. Trouvez l'ADJECTIF (on peut le remplacer par un autre ADJECTIF ou supprimer). Quel NOM précise-t-il?
3. Mettez cette phrase à la forme négative pour trouver le **VERBE.**
4. Trouvez le SUJET. (C'EST…QUI).
5. Remplacez le SUJET par le bon PPS.
6. À quel temps est conjugué le **VERBE** ?
7. Conjuguez la phrase au PASSÉ puis au FUTUR.
8. Trouvez l' INFINITIF du **VERBE** (FUTUR PROCHE).
9. Inventez une phrase par substitutions.

DÉJOUONS LES PIÈGES

a) Pourquoi y a-t-il un « s » à la fin de « fleurs » et de « rives » ?
b) Pourquoi « poussent » se termine par « ent » ?
c) Vous rappelez-vous pourquoi « rivière » se termine par « ière » ?
d) Comment se rappeler que tranquille s'écrit avec un « a » ?
e) Pourquoi « tranquille » s'écrit avec « qu » ?
f) Remarque : « tranquille » avec ses deux « l » devrait se prononcer comme « quille ». Quel autre mot a le même problème ?

CHERCHONS LE SENS DU PROVERBE

- Que signifie « rives »
- Que se passe-t-il au bord d'une rivière agitée ?
- Comment appliquer ce proverbe à une personne ?

FONCTIONNEMENT DE LA PHRASE

1. *GN :* (les + fleurs) ; (les + rives) : (la + rivière + tranquille)
2. *ADJECTIF = tranquille. Il précise le NOM « rivière ».*
   On peut dire : *« sur les rives de la rivière jolie ».*
3. **VERBE** = poussent *: Les fleurs NE **poussent** PAS…*
4. SUJET = les fleurs *: CE SONT les fleurs QUI poussent…*
5. PPS : Elles (= les fleurs) poussent …
6. Le **VERBE** est conjugué au PRÉSENT.
7. Au PASSÉ : *Les fleurs **ont poussé**…*
   ou *Les fleurs **poussaient**…*
   Au FUTUR : *Les fleurs **pousseront**…*
8. INFINITIF : *Les fleurs vont **pousser**…*

ASTUCES pour éviter les pièges

a) Il y a plusieurs « fleurs » et plusieurs « rives ». Il faut mettre un « s » à la fin de ces NOMS au PLURIEL.
b) La TERMINAISON « ent » s'explique par l'accord SUJET-**VERBE**. (ELLES → …**nt**).
c) Les NOMS féminins comme « lumière, sorcière » se terminent presque toujours avec « ière ».
d) Ajouter « tranquille » à « la liste des mots de maman Amanda ».
e) « Tranquille » ne peut pas s'écrire avec un « c » car « ci » se prononce « si ».
f) Le mot « ville » a le même problème que « tranquille ».

SENS DU PROVERBE

La rivière agitée arrache tout ce qui pousse sur ses rives (ses bords). Autour, le paysage est détruit tandis que la rivière qui coule tranquillement permet aux fleurs de pousser. Pour une personne aussi l'agitation est mauvaise et empêche de faire de belles choses.

PROVERBE n° 32 (TRENTE-DEUX) – Origine : ARMÉNIE

Tu n'éteindras pas un incendie avec des paroles.

JOUONS AVEC LA PHRASE

1. Trouvez les deux G.N.
2. Trouvez le **VERBE.**
3. Trouvez le SUJET.
4. À quel temps est conjugué le **VERBE** ?
5. Conjuguez la phrase au PASSÉ puis au PRÉSENT.
6. Trouver l'INFINITIF du **VERBE**.
7. Inventez une phrase par substitutions.

DÉJOUONS LES PIÈGES

a) Comment se rappeler que « éteindras » s'écrit avec « ein » ?
b) Pourquoi « éteindras « se termine par un « s » ?
c) Le mot « incendie » comporte quatre difficultés : « in », « c », « en », « e ». Lesquelles peut-on déjouer ?
d) Pourquoi « paroles » se termine par un « s » ?

CHERCHONS LE SENS DU PROVERBE

- Qu'est-ce qu'un incendie ?
- Si pendant un incendie, on ne fait que dire « il faut éteindre le feu », qu'arrivera-t-il ?
- Si on élargit le sens de ce proverbe, que signifie-t-il ?

FONCTIONNEMENT DE LA PHRASE

1) G.N. = (un + incendie) ; (des + paroles)
2) **VERBE** = « éteindras » : *Tu N'**éteindras** PAS.*
3) SUJET = « tu » (PPS)
4) LE **VERBE** est conjugué au FUTUR :
   *Demain, tu n'**éteindras** pas un incendie...*
5) Au PASSÉ : *Tu n'**a** pas **éteint** un incendie.*
   ou *Tu n'**éteignais** pas un incendie.*
   Au PRÉSENT : *Tu n'**éteins** pas un incendie.*
6) INFINITIF : *Tu ne vas pas **éteindre** un incendie.*

ASTUCES pour éviter les pièges

a) Pour se rappeler du « ein » de « éteindras », on peut penser à « éteignez leu feu ».
b) La TERMINAISON de « éteindras » est imposée par l'accord SUJET-**VERBE** : TU → ...**s**.
c) On peut déjouer les quatre !
- En début de mot, on rencontre très souvent « in » et presque jamais « ain » (ainsi), « ein » et « un » (untel).
- Le « c » se retrouve dans le mot « cendre ».
- Derrière le « c », ce ne peut pas être « an » qui se prononce « kan »
- Le « e » à la fin s'entend dans « incendier »
d) Le G.N. « des paroles » est au PLURIEL. Le NOM « paroles » doit donc se terminer par un « s ».

SENS DU PROVERBE

Un incendie est un feu important qui se propage. Évidemment, pendant un incendie, il faut lutter contre le feu plutôt que de donner des conseils. Ce proverbe dit qu'il y a un moment où il faut agir et arrêter de parler. Cela n'empêche pas de réfléchir et de s'organiser.

PROVERBE n° 33 (TRENTE-TROIS) – Origine : FRANCE

Il a noyé son chien ! Il prétendait qu'il avait la rage.

JOUONS AVEC LES PHRASES

1. Trouvez les deux G.N. (DÉTERMINANT + NOM)
2. Dites le contraire de ces phrases (formes négatives) et trouvez les **VERBES**. Attention : il y a deux **VERBES** dans la deuxième phrase et le **VERBE** de la première phrase est composé.
3. Trouvez les trois SUJETS qui sont des PPS.
4. Que remplace le troisième « il » ?
5. À quels temps sont conjugués les **VERBES** ?
6. Refaites les phrases au PRÉSENT puis au FUTUR.
7. Quel est l'INFINITIF des **VERBES** ? Vous pouvez les faire apparaître en conjuguant au FUTUR PROCHE.
8. Inventez une phrase en remplaçant des mots (D, N, V).

DÉJOUONS LES PIÈGES

a) Pourquoi « disait » et « avait » se terminent par « ait »
b) Comment entendre le « t » ?
c) Pourquoi « que » s'écrit avec la lettre « q » ?
d) Pourquoi faut-il écrire « l'a » mais pas « la » ?
e) Pourquoi « noyer » s'écrit avec « y » et pas avec « ill » ?
f) N'oubliez pas la majuscule au début de la deuxième phrase.

CHERCHONS LE SENS DU PROVERBE

- Le chien avait-il la rage ?
- Pourquoi « il » l'a noyé ?
- Comment faut-il comprendre ce proverbe ?

FONCTIONNEMENT DE LA PHRASE

1. G.N. = (son + chien) ; (la + rage)
2. **VERBES** = « prétendait», « a noyé » et « avait » : *Il NE **prétendait** PAS que son chien N'**avait** PAS la rage. Il NE l'**a** PAS **noyé**.*
3. SUJET1 = IL (PPS) ; SUJET2 = IL (PPS) ; SUJET3 = IL (PPS)
4. *Il (= son chien) avait la rage.*
5. Les trois **VERBES** sont conjugués au PASSÉ.
   « avait » et « prétendait» sont à l'IMPARFAIT.
   « a noyé » est au PASSÉ COMPOSÉ.
6. Au PRÉSENT : *Il **noie** son chien.Il **prétend** qu'il **a** la rage.*
   Au FUTUR : *Il **noiera** son chien. Il **prétendra** qu'il **aura** la rage.*
7. INFINITIFS = « prétendre» et « noyer » : *Il va **prétendre** que son chien a la rage. Il va le **noyer**.*
   et « avoir » : *Son chien va **avoir** la rage.*

8.. Exemple *: L'ogre pensait que sa fille était un gâteau. Il l'a mangée.*

ASTUCES pour éviter les pièges

a) La TERMINAISON « ait » s'explique par l'accord SUJET-**VERBE** à l'IMPARFAIT (IL → ...**ait**).
b) On peut entendre le « t » final en disant : « disait-il » et « avait-il ».
c) « ce » se prononce « se ». Le « k » est rare. « que » s'écrit avec un « q » comme « qui » et « quel ».
d) Au PRÉSENT, on dit : « Il noie son chien » = « Il le noie ».
   Le mot « le » remplace « son chien » (c'est un PRONOM).
   Il l'a noyé = Il a noyé son chien. Le mot « l' » remplace son chien.
e) Les mots en « oille » n'existent pas.

SENS DU PROVERBE

On ne sait pas si son chien avait la rage. C'est ce que disait son maître (il). Et s'il avait menti ? Ce proverbe dit qu'une personne qui fait une mauvaise chose trouve toujours une excuse pour expliquer son geste.

PROVERBE n° 34 (TRENTE-QUATRE) – Origine : PERSE

Elle vivait au milieu des roses. Elle en a pris le parfum.

JOUONS AVEC LES PHRASES

1. Trouvez les deux G.N.
2. Trouvez un troisième NOM.
3. Trouvez les **VERBES**
4. Trouvez les SUJETS.
5. Remplacez les PPS par des G.N.
6. À quels temps sont conjugués les **VERBES** ?
7. Conjuguez les phrases au PRÉSENT puis au FUTUR.
8. Trouvez les INFINITIFS des **VERBES**.
9. Inventez une phrase par substitutions.

DÉJOUONS LES PIÈGES

a) Pourquoi « vivait » se termine par « ait » ?
b) Le mot « au » remplace deux mots, lesquels ?
c) Qu'est-ce que cache le mot « milieu » ? Et pourquoi y a-t-il un « x » dans « les milieux » ?
d) Pourquoi le mot « roses » se termine par un « s » ?
e) Que remplace le PRONOM « en » ?
f) Comment se rappeler du « s » à la fin de « pris » et du « m » à la fin de « parfum » ?

CHERCHONS LE SENS DU PROVERBE

- Quelle odeur avait cette personne ?
- Que veut enseigner ce proverbe ?
- Pouvez-vous faire un autre proverbe en remplaçant « roses » par un mot moins agréable ?

FONCTIONNEMENT DE LA PHRASE

1. G.N. = (des roses) ; (le + parfum)
2. NOM = « milieu »
3. **VERBE1** = « vivait » *: Elle NE **vivait** PAS au milieu des roses.*
   VERBE2 = « a pris » : *Elle N'en **a** PAS **pris** le parfum.*
4. SUJET1 = SUJET2 = « elle » (PPS).
5. PPS → G.N. : *La jeune fille (= elle) vivait au milieu des roses.*
6. Les **VERBES** sont conjugués au PASSÉ
   (vivait = IMPARFAIT ; a pris = PASSÉ COMPOSÉ)
7. Au PRÉSENT : *Elle **vit** au milieu des roses. Elle en **prend** ...*
   Au FUTUR : *Elle **vivra** au milieu des roses. Elle en **prendra**...*
8. INFINITIFS : *Elle va **vivre** au milieu... Elle va en **prendre**...*

ASTUCES pour éviter les pièges

a) La TERMINAISON de « vivait » est imposée par l'accord SUJET-**VERBE** à l'IMPARFAIT : ELLE → ...**ait**

b) « au » signifie « à le ». La preuve, au FÉMININ, on dit « à la fin du repas » mais « au milieu du repas ».

c) « milieu » signifie « mi (=moitié) lieu ». C'est un mot qui se termine en « eu » et a donc un PLURIEL en « x ».

d) « roses » est au PLURIEL, ce qui explique le « s » final.

e) « en » remplace « des roses ». En effet, on peut dire : *Elle a pris le parfum des roses.*

f) On dit : « L'odeur qu'elle a pri**s**e » ce qui permet d'entendre le « s ». Le « m » de « parfum » s'entend dans « parfu**m**er ».

SENS DU PROVERBE

Les roses avaient imprégné ses vêtements, sa peau, ses cheveux de leur bonne odeur. Ce proverbe conseille de vivre parmi de bonnes personnes car on finit par prendre leurs bonnes habitudes. Mais on pourrait dire : « *Elle vivait au milieu des fromages. Elle en a pris les odeurs* » pour souligner que si l'on fréquente trop de gens aux mauvaises habitudes, on fera bientôt comme eux.

PROVERBE n° 35 (TRENTE-CINQ) – Origine : ROUMANIE

Vous maudissez les pierres, mais elles font partie du chemin.

JOUONS AVEC LA PHRASE

1. Trouvez le G.N.
2. Trouvez un autre NOM.
3. Trouvez les deux **VERBES.**
4. Trouvez les deux <u>SUJETS</u>.
5. À quels temps sont conjugués les **VERBES** ?
6. Conjuguez la phrase au PASSÉ puis au FUTUR.
7. Trouvez les INFINITIFS des **VERBES**.
8. Inventez une phrase par substitutions.

DÉJOUONS LES PIÈGES

a) Quel mot proche de « maudissez » permet d'entendre le « a » ?
   Quel mot proche de « mais» permet d'entendre le « a » ?
b) Pourquoi « maudissez » se termine par « ez » ?
c) Pourquoi « pierres » se termine par un « s » ?
d) Comment entendre le « s » à la fin de « vous » et de « mais » ?
e) Que remplace le PRONOM « elles » ?
f) Dans quel mot proche de « chemin » peut-on entendre le « i» ?

CHERCHONS LE SENS DU PROVERBE

- Que signifie « maudire » ?
- Les pierres sur le chemin sont-elles gênantes ?
- Quelle leçon cache ce proverbe ?

FONCTIONNEMENT DE LA PHRASE

1. G.N. = (les + pierres)
2. NOM = « chemin ».
3. **VERBES** : *Vous NE **maudissez** PAS les pierres, mais elles NE **font** PAS partie du chemin.*
4. SUJETS : « vous » et « elles » (PPS).
5. Les deux **VERBES** sont conjugués au PRÉSENT.
6. Au PASSÉ (COMPOSÉ) :
   *Vous **avez maudit**... elles **ont fait** partie...*
   Au PASSÉ (IMPARFAIT) :
   *Vous **maudissiez**... elles **faisaient** partie...*
   Au FUTUR : *Vous **maudirez**... Elle **feront** partie.*
7. INFINITIFS : *Vous allez **maudire**... Elles vont **faire** partie...*

ASTUCES pour éviter les pièges

a) « mal » (pour « maudire ») et « malgré »(pour « mais ») sont deux mots qui permettent d'entendre les « a ».
b) La TERMINAISON de « maudissez » est imposée par l'accord SUJET-**VERBE** : VOUS → ...**ez**.
c) Le mot « pierres » est au PLURIEL. Il se termine par un « s ».
d) On peut entendre les « s » en faisant la liaison : « Vous insultez les pierres mais elles sont là. »
e) « elles » remplace « les pierres » :
   Les pierres, elles font partie du chemin.
   C'est pour ça que « elles » est au PLURIEL.
f) On entend le « i » dans : « je chem**i**ne » ou « chem**i**nement ».

SENS DU PROVERBE

« maudire » signifie « dire du mal ». Avec des pierres sur le chemin, il est plus difficile de marcher. Mais au lieu d'insulter les pierres, il vaut mieux accepter le chemin tel qu'il est, avec ses pierres. De même, les difficultés font partie de la vie et il vaut mieux s'adapter que de se plaindre.

PROVERBE n° 36 (TRENTE-SIX) – Origine : CHINE

Dans une eau souvent agitée, les poissons grandissent mal.

JOUONS AVEC LA PHRASE

1. Trouvez les deux G.N.
2. Trouvez le **VERBE.**
3. Trouvez le SUJET.
4. Remplacez le SUJET par un PPS.
5. À quel temps est conjugué le **VERBE** ?
6. Conjuguez la phrase au PASSÉ puis au FUTUR.
7. Trouvez l'INFINITIF du **VERBE**.
8. Inventez une phrase par substitutions.

DÉJOUONS LES PIÈGES

b) Avec quels mots ne faut-il pas confondre « eau » ?
c) Pourquoi souvent se termine-t-il par « ent » ?
d) Pourquoi « agitée » se termine par un « e » ?
e) Pourquoi « poissons » se termine-t-il par un « s » ?
f) Comment se rappeler que « grandissent » s'écrit avec un « a » ?
g) Pourquoi « grandissent » se termine par « nt » ?
h) Remarque : Faites la liaison « dans un » pour penser au « s ».
i) Remarque : « agité » s'écrit avec un « g » car les mots avec la syllabe « ji » sont très rares et sont d'origine étrangère.

CHERCHONS LE SENS DU PROVERBE

- Pourquoi les petits poissons grandissent mal dans une eau souvent agitée ?
- Ce proverbe semble parler des poissons mais en vérité, de qui parle-t-il ?
- Et dans ce cas, quelle règle nous donne-t-il ?

FONCTIONNEMENT DE LA PHRASE

2) G.N. = (une + eau + agitée) ; (les + poissons)
3) **VERBE** = « grandissent ». *Les poissons NE **grandissent** PAS mal.*
4) <u>SUJET</u> = « Les poissons » :
CE SONT les <u>poissons</u> QUI grandissent mal.
5) <u>PPS</u> : *<u>Ils</u> (= les poissons) grandissent mal.*
6) Le **VERBE** est conjugué au PRÉSENT.
7) Au PASSÉ : (Avant) *Les poissons **grandissaient** mal.*
ou : *Les poissons **ont** mal **grandi**.*
Au FUTUR : (Plus tard) *Les poissons **grandiront** mal.*
8) INFINITIF : *Les poissons vont mal **grandir**.*

ASTUCES pour éviter les pièges

a) Il ne faut pas confondre « une eau » (qu'on boit) avec « le haut » (de hauteur) et « au » (au bord de l'eau).
b) « souvent » est un mot qui précise le mot « agitée », il s'appelle ADVERBE. Beaucoup d'ADVERBES précisent des VERBES et se terminent par « ent » : « parler fréquemment, parler tellement, parler lentement ».
c) L'eau est agitée. Le mot « agitée » doit s'accorder avec le NOM « eau » qui est FÉMININ. Le « e » est la marque du « féminin ».
d) Le « s » de « poissons » est la marque du PLURIEL.
e) On peut penser qu'en musique les « gr**a**nds instrument » ont un son plus « gr**a**ve ».
f) La TERMINAISON de « grandissent » est imposée par l'accord <u>SUJET</u>-**VERBE** : <u>ILS</u> → ...**nt**.

SENS DU PROVERBE

Dans une eau souvent agitée, les poissons ne sont pas en sécurité, ils ont peur, ils souffrent et ne peuvent pas bien se développer. Ce proverbe parle en vérité des enfants. Il conseille de donner aux enfants un environnement calme et paisible.

PROVERBE n° 37 (TRENTE-SEPT) – Origine :JUIF

Elle avait le cœur content. Pour elle, chaque jour était une fête.

JOUONS AVEC LES PHRASES

1. Trouvez l'ADJECTIF (on peut le remplacer par un autre ADJECTIF) Quel NOM précise-t-il ?
2. Trouvez les trois G.N.
3. Mettez ces deux phrases à la forme négative pour trouver les **VERBES**
4. Trouvez les SUJETS.
5. Remplacez « elle » par un G.N. et le SUJET2 par un PPS.
6. À quels temps sont conjugués les **VERBES** ?
7. Conjuguez les phrases au PRÉSENT puis au FUTUR.
8. Trouvez les INFINITIFS des **VERBES**.
9. Inventez une phrase par substitutions.

DÉJOUONS LES PIÈGES

a) Pourquoi « avait » et « était » se terminent par « ait ».
b) Comment entendre le « t » final de ces deux mots ?
c) Pourquoi « content » s'écrit avec un « e » ? Comment entendre le « t » final » ?
d) Comment se rappeler de l'accent circonflexe dans « fête » ?
e) Pourquoi « content » commence par un « c » ?
f) Rappel : le mot « cœur » est a déjà été photographié.

CHERCHONS LE SENS DU PROVERBE

- Pourquoi a t-elle le cœur content ?
- Tout le monde peut-il faire comme elle ?
- Quel autre proverbe donne le même message ?

FONCTIONNEMENT DE LA PHRASE

1. ADJECTIF = « content » : Elle avait le cœur petit…
   Cet ADJECTIF précise le NOM « cœur ».
2. G.N. : (le + cœur + content) ; (chaque + jour) ; (une + fête)
3. **VERBE1** = avait : *.Elle N'**avait** Pas le cœur content.*
   VERBE2 : était. : *Chaque jour N'**était** PAS une fête.*
4. SUJET1 = Elle (PPS)
   SUJET2 = « chaque jour » : C'EST chaque jour QUI était …
5. G.N. → PPS : La princesse (= elle) avait le cœur content.
   PPS : Pour elle, il (= chaque jour) était une fête…
6. Les **VERBES** sont conjugués au PASSÉ (IMPARFAIT).
   On parle de quelque chose qui est fini.
7. Au PRÉSENT : *Elle **a** le cœur content. Chaque jour **est** une fête.*
   Au FUTUR : *Elle **aura** le cœur…Chaque jour **sera** une fête.*
8. INFINITIFS *: Elle va **avoir** le cœur… Chaque jour va **être**…*

ASTUCES pour éviter les pièges

a) Les TERMINAISONS « ait » s'expliquent par l'accord SUJET-**VERBE**. À l'IMPARFAIT : ELLE → …**ait**.
b) On entend le « t » dans les liaisons : « elle avait un cœur », « chaque jour était une fête ».
c) On peut se rappeler qu'être content, c'est être comme dans un cont**e**. Le « t » final s'entend dans « conten**te** ».
d) L'aaccent circonflexe remplace un « s » disparu mais qui est toujours présent dans le mot « fe**s**tif ».
e) « content » commence par un « c » comme tous les mots qui commencent par « co ».

SENS DU PROVERBE

Elle a le cœur content parce qu'elle a décidé en se réveillant le matin de faire de ce nouveau jour une belle journée. Tout le monde peut essayer de rendre ses journées plus heureuses. Ce proverbe fait penser au proverbe 29 (La joie est en tout, il faut savoir l'extraire).

PROVERBE n° 38 (TRENTE-HUIT) – Origine : AFRIQUE

Nous ne chasserons pas les poux en sautant dans tous les sens.

JOUONS AVEC LA PHRASE

1. Trouvez les deux G.N.
2. Trouvez le **VERBE.**
3. Trouvez le SUJET.
4. À quel temps est conjugué le **VERBE** ?
5. Conjuguez la phrase au PASSÉ puis au PRÉSENT.
6. Trouvez l'INFINITIF du **VERBE**.
7. Inventez une phrase par substitutions.

DÉJOUONS LES PIÈGES

a) Comment entendre les « s » à la fin de « Nous », « pas » et « dans » ?
b) Pourquoi « chasserons » se termine par « ons » ?
c) Pourquoi « poux » se termine par un « x » ?
d) Pourquoi « en » s'écrit avec un « e » et « sautant » avec « ant » ?
e) Quel mot de sport fait entendre le « a » de « sautant » ?
f) Pourquoi « tous » ne s'écrit pas avec un « t » final ?
g) Trouvez une phrase avec « sans » et « sens ».

CHERCHONS LE SENS DU PROVERBE

- Si on a des poux, comment s'en débarrasser ? En sautant, en se grattant ?
- Quand on a un problème, que ne faut-il pas faire ?

FONCTIONNEMENT DE LA PHRASE

1. G.N. = (les + poux) ; (les + sens)
2. **VERBE** : *Nous ne* ***chasserons*** *pas les poux…*
3. SUJET = « nous » (PPS)
4. Le **VERBE** est conjugué au FUTUR :
   Demain, nous ne chasserons pas les poux …
5. Au PASSÉ COMPOSÉ : *Nous n'****avons*** *pas* ***chassé*** *les poux…*
   À l'IMPARFAIT : *Nous ne* ***chassions*** *pas les poux…*
   Au PRÉSENT : *Nous ne* ***chassons*** *pas les poux …*
6. INFINITIF : *Nous n'allons pas* ***chasser*** *les poux…*

ASTUCES pour éviter les pièges

a) On entend les « s » en faisant des liaisons :
   « Dans un an, nous aurons vingt ans mais pas un de plus. »
b) La TERMINAISON s'expliquent par l'accord SUJET-**VERBE** :
   NOUS → …**ons**
c) « les poux » est un G.N. au PLURIEL ; mais « pou » fait partie des sept mots en « ou » qui ne prennent pas un « s » mais un « x » : (chou, bijou, hibou, caillou, joujou, genou, pou).
d) Quel que soit le **VERBE**, lorsqu'on dit : « en marchant, en dormant…), « en » s'écrit avec un « e » et le **VERBE** se termine par « ant ».
e) Un « s**a**lto » est une sorte de saut.
f) « Tous les » est PLURIEL, il faut écrire « tous ». Mais « Tout le temps » est SINGULIER, on écrit « tout ».
g) « S**a**ns un plan, je prends le mauvais s**e**ns ».

SENS DU PROVERBE

Pour se débarrasser des poux, il faut soit se raser les cheveux, soit détruire les poux et leurs œufs (produit toxique, peigne fin). Quand on a un problème urgent, l'agitation et le bavardage n'aident pas, il faut trouver une solution efficace.

PROVERBE n° 39 (TRENTE-NEUF) – Origine : INCONNUE

Je transformerai les obstacles sur mon chemin en marches d'escalier.

JOUONS AVEC LA PHRASE

1. Trouvez les deux G.N.
2. Trouvez deux autres NOMS.
3. Mettez cette phrase à la forme négative pour trouver le **VERBE.**
4. Trouvez le SUJET.
5. À quel temps est conjugué le **VERBE** ?
6. Conjuguez la phrase au PASSÉ puis au PRÉSENT.
7. Trouver l'INFINITIF du **VERBE**.
8. Inventez une phrase par substitutions.

DÉJOUONS LES PIÈGES

a) Pourquoi « transforme » s'écrit avec un « a » ?
b) Pourquoi « transformerai » se termine par « ai » ?
c) Pourquoi y a-t-il un « s » à la fin des mots « obstacles » et « marches » ?
d) Comment se rappeler que chemin » s'écrit avec un « i » ?
e) Pourquoi y a-t-il une apostrophe devant « escalier » ?

CHERCHONS LE SENS DU PROVERBE

- Qu'est ce qu'un obstacle ?
- Que faire lorsqu'il y a un obstacle sur votre chemin ?
- Quel message sur la vie est contenu dans ce proverbe ?

FONCTIONNEMENT DE LA PHRASE

1. G.N. : (les + obstacles) ; (mon + chemin)
2. NOMS : « marches » et « escalier ».
3. **VERBE** = « transformerai » : Je NE **transformerai** PAS ...
4. SUJET = « Je » (PPS)
5. Le **VERBE** est conjugué au FUTUR (demain, je transformerai...)
6. Au PASSÉ : *Je **transformais** les obstacles...*
   ou *J'**ai transformé** les obstacles...*
   Au PRÉSENT : *Je **transforme** les obstacles...*
7. INFINITIF : *Je vais **transformer** les obstacles...*

ASTUCES pour éviter les pièges

a) « trans » signifie « à travers », mot où on entend le « a ».
b) La TERMINAISON « ai » s'explique par l'accord SUJET-**VERBE**.
c) au FUTUR : JE → ...**ai**
d) Il y a plusieurs « obstacles » et plusieurs « marches ». Ces NOMS sont au PLURIEL et doivent se terminer pas un « s ».
e) « chemin » s'écrit avec un « i » comme « cheminer ».
f) l 'apostrophe devant « escalier » est le souvenir du « e » disparu de « le escalier ».

SENS DU PROVERBE

Un obstacle est une chose sur le chemin qui nous empêche d'avancer. Il faut alors trouver un moyen pour continuer. Ce proverbe dit que l'obstacle nous oblige à trouver des solutions, à être plus forts et même à transformer l'obstacle en nouveau moyen pour avancer.

PROVERBE n° 40 (QUARANTE) – Origine : ANGLETERRE

Il menait son cheval à la rivière, mais il ne pouvait pas le forcer à boire.

JOUONS AVEC LA PHRASE

1. Trouvez les deux G.N.(=DÉTERMINANT + NOM)
2. Mettez le début de cette phrase à la forme négative pour trouver le premier **VERBE.** Trouvez le second **VERBE.**
3. Trouvez les SUJETS.
4. Remplacez les PPS par un G.N. (=DÉTERMINANT + NOM)
5. À quels temps sont conjugués les **VERBES** ?
6. Conjuguez la phrase au PRÉSENT puis au FUTUR.
7. Trouvez les INFINITIFS des **VERBES** (FUTUR PROCHE).
8. Trouvez un troisième **VERBE** (à l'INFINITIF).
9. Inventez une phrase par substitutions.

DÉJOUONS LES PIÈGES

a) Pourquoi « menait » et « pouvait » se terminent par « ait » ?
b) Pourquoi y a-t-il un accent sur les deux « à » ?
c) Trouvez d'autres mots se terminant par « ière » ?
d) Comment se rappeler que « mais » s'écrit avec un « a » et un « s » ?
e) Comment entendre le « s » à la fin de « pas ».
f) Pourquoi « forcer » s'écrit avec « er » et pas avec « é » ?

CHERCHONS LE SENS DU PROVERBE

- Que signifie « mener » ?
- Peut-on obliger un animal à faire n'importe quoi ?
- Et, qu'est-ce qu'on ne peut pas forcer un enfant ou un adulte à faire ?

FONCTIONNEMENT DE LA PHRASE

1. G.N. : (son + cheval) ; (la + rivière).
2. ***VERBE1*** *= « menait » : Il NE* ***menait*** *PAS…*
   VERBE2 *= « pouvait » : Il NE* **pouvait** *PAS…*
3. <u>SUJETS</u> = IL (PPS)
4. <u>PPS</u> → G.N. : Le cavalier (=Il) menait…
5. Les **VERBES** sont conjugués au PASSÉ (IMPARFAIT).
   C'est une histoire finie.
6. Au PRÉSENT : *Il* ***mène*** *son cheval… Il ne* ***peut*** *pas…*
   Au FUTUR *: Il* ***mènera*** *son cheval… Il ne* ***pourra*** *pas…*
7. INFINITIFS : *Il va* ***mener****… Il va* ***pouvoir****…*
8. « forcer » est un **VERBE** à l'infinitif. C'est pour cela qu'il se termine par « er » et que l'on peut le remplacer par un autre **VERBE** à l'infinitif (vendre).

ASTUCES pour éviter les pièges

a) Les TERMINAISONS « ait » s'expliquent par l'accord <u>SUJET</u>-**VERBE** à L'IMPARFAIT (<u>IL</u> → …**ait**).
b) On ne peut pas remplacer « à » par « avait » car ce n'est pas le **VERBE** « avoir ». Il faut un accent sur « à ».
c) Les NOMS féminins comme « lumière, sorcière » s'écrivent presque toujours avec « ière ».
d) On entend le « s » final en faisant la liaison : « mai<u>s il</u> ». Pour le « a », pensez à « malgré » qui a un peu le même sens.
e) Faire aussi la liaison « ne pouvait pa<u>s a</u>vancer ».
f) « forcer » est à l'INFINITIF (voir plus haut).

SENS DU PROVERBE

« mener » signifie « conduire ». On ne peut pas obliger le cheval à boire ou à dormir par exemple. De même, il est difficile pour des enfants de se se concentrer et d'apprendre s'ils sont fatigués ou préoccupés. Il faut attendre que le cheval ait soif, il faut donner à l'enfant l'envie de savoir et prévoir des temps de repos.

PROVERBE n° 41 (QUANTE ET UN) – Origine : CHINE

La joie est en tout ; il faut savoir l'extraire.

JOUONS AVEC LA PHRASE

1. Trouvez le G.N.
2. Mets cette phrase à la forme négative pour trouver les **VERBES**
3. Trouvez les <u>SUJETS</u>.
4. Remplacez le premier <u>SUJET</u> par un PPS.
5. À quels temps sont conjugués les **VERBES** ?
6. Conjuguez la phrase au PASSÉ puis au FUTUR.
7. Trouvez les INFINITIFS des **VERBES**.
8. Trouvez un troisième **VERBE** à l'INFINITIF.
9. Inventez une phrase par substitutions.

DÉJOUONS LES PIÈGES

a) Pourquoi « joie » se termine-t-il par un « e » ?
b) Pourquoi « est » s'écrit-il « e-s-t » ?
c) Comment ne pas confondre « en » et « an » ?
d) Comment se rappeler du « t » à la fin du mot « tout » ?
e) Comment entendre le « t » dans « faut » et comment se rappeler du « au » ?
f) Comment se rappeler du « aire » dans « extraire » ?

CHERCHONS LE SENS DU PROVERBE

- Repensez à des moments de la journée. Lesquels étaient joyeux ? Pourquoi pas les autres ?
- Y a-t-il des gens plus joyeux que d'autres ? Pourquoi ?
- Peut-on trouver de la joie « en toute chose » ?

FONCTIONNEMENT DE LA PHRASE

- G.N. : (la + joie)
- **VERBES** = « est » et « faut ».
  *La joie N'**est** PAS en tout ; il NE **faut** PAS savoir l'extraire.*
- SUJET1 = « la joie » : *C'EST la joie QUI est en tout.*
  SUJET2 = « il » (PPS)
- PPS : *Elle (= la joie) est en tout.*
- Les deux **VERBES** sont conjugués au PRÉSENT.
- Au PASSÉ : *La joie **était** en tout ; il **fallait** savoir l'extraire.*
  ou *La joie **a été** en tout ; il **a fallu** savoir l'extraire.*
  Au FUTUR : *La joie **sera** en tout ; il **faudra** savoir l'extraire.*
- INFINITIFS : *La joie va **être** en tout ; il va **falloir** savoir …*
- « extraire » est un **VERBE** à L'INFINITIF.

ASTUCES pour éviter les pièges

a) Comme beaucoup de NOMS FEMININS ; « La joie » se termine par un « e ».
b) On peut remplacer « est » par « était ». Il s'agit donc du **VERBE** ÊTRE qui s'écrit « est ».
c) « an » est un NOM, il a le même sens que le NOM « **a**nnée » et s'écrit aussi avec un « a » tandis que « en » est un mot outil comme « dans ».
d) On peut dire : « La joie est en tou**t**e chose ».
e) Quand je dis : « Que fau**t**-il ? », j'entends le « t » donc « il faut » s'écrit avec un « t ». On peut dire : « il va f**a**lloir » pour se rappeler du « a ».
f) « extraire » est un **VERBE** qui se termine comme « faire ». Aucun **VERBE** à L'INFINITIF ne se termine en « ère ».

SENS DU PROVERBE

Nous faisons beaucoup de choses sans ressentir d'émotions, parfois même en étant mécontents. Pourtant, si nous faisons attention, toutes les petites choses peuvent apporter de la joie : respirer, regarder, écouter, faire du bon travail, se laver, manger, se reposer…

PROVERBE n° 42 (QUARANTE-DEUX) - Origine : ESPAGNE

Nous rentrons notre foin tant que le soleil brille.

JOUONS AVEC LA PHRASE

1. Trouvez les deux G.N. (DÉTERMINANT + NOM)
2. Dites le contraire du début de la phrase (forme négative) et trouvez le premier **VERBE** puis dites le contraire de la fin de la phrase (forme négative) et trouvez le second **VERBE**.
3. Trouvez le premier SUJET (c'est un PPS).
4. Trouvez le second SUJET (en l'encadrant par « C'EST… QUI …»)
5. Remplacez le second SUJET par le bon PPS.
6. À quels temps sont conjugués les **VERBES** ?
7. Refaites la phrase au PASSÉ puis au FUTUR.
8. Quel est l'INFINITIF des **VERBES** ? Vous pouvez les faire apparaître en conjuguant au FUTUR PROCHE.
9. Inventez une phrase en remplaçant des mots (D, N, V).

DÉJOUONS LES PIÈGES

a) Comment entendre le « s » à la fin de « nous » ?
b) Pourquoi « rentons » s'écrit-il avec « en » ?
c) Pourquoi « rentrons » se termine par « ons » ? Comment entendre le « s » ?
d) Comment se rappeler que « tant » s'écrit « ant » à la fin ?
e) Pourquoi les mots « soleil » et « brille » ne peuvent-ils pas s'écrire autrement ?

CHERCHONS LE SENS DU PROVERBE

- Qu'est ce que du foin ?
- Que se passe-t-il si l'on ne rentre pas le foin avant la pluie ?
- Quelle qualité ce proverbe encourage-t-il ?

FONCTIONNEMENT DE LA PHRASE

1. G.N. = (notre + foin) ; (le + soleil)
2. **VERBES** = « brille » et « rentrons »
*Nous NE **rentrons** PAS notre foin tant que le soleil brille.*
*Nous rentrons notre foin tant que le soleil NE **brille** PAS.*
3. SUJET1 = Nous.
4. *SUJET2 = « le soleil ». C'EST le soleil QUI brille.*
5. PPS : Il (=le soleil) brille.
6. Les deux **VERBES** sont conjugués au PRÉSENT. Le proverbe décrit une habitude.
7. Au PASSÉ : *Nous **rentrions** notre foin tant que le soleil **brillait**.*
ou *Nous **avons rentré** notre foin tant que le soleil **a brillé**.*
Au FUTUR : *Nous **rentrerons** notre foin … le soleil **brillera**.*
8. INFINITIFS : Nous allons **rentrer** notre foin … le soleil va **briller**.
9. *Nous ramassons des coquillages tant que la mer descend.*

ASTUCES pour éviter les pièges

a) Dans « Nous avons rentré », on entend le « s » de « nous ».
b) Les **VERBES** comme « entrer », « emmener », « envoyer »… commencent par « en » (ou « em ») qui indique un mouvement..
c) La TERMINAISON « ons» s'explique par l'accord SUJET-**VERBE**. (NOUS → **ons**). On peut entendre le « s » dans « Nous rentrons en taxi ».
d) « tant » se termine comme « autant », « pourtant », « avant », « devant ».
e) « le soleil » ne peut pas se terminer par « eille » car il est MASCULIN. « brille » : aucun mot ne se termine par « rye ».

SENS DU PROVERBE

Le foin est de l'herbe coupée et séchée que l'on conserve pour nourrir les animaux. S'il pleut et que le foin est mouillé, il risque de pourrir. Ce proverbe met donc en avant la prévoyance. Il faut faire certaines choses au bon moment. Après, ce sera trop tard.

PROVERBE n° 43 (QUARANTE-TROIS) – Origine : CHINE

Aucun chemin ne semble trop long avec un ami à ses côtés.

JOUONS AVEC LA PHRASE

1. Trouvez l'ADJECTIF (on peut le remplacer par un autre ADJECTIF) Quel NOM précise-t-il ?
2. Trouvez les trois G.N.
3. Trouvez le **VERBE.**
4. Trouvez le SUJET.
5. Remplacez le SUJET par le bon PPS.
6. À quel temps est conjugué le **VERBE** ?
7. Conjuguez la phrase au PASSÉ puis au FUTUR.
8. Trouver l'INFINITIF du **VERBE**.
9. Inventez une phrase par substitutions.

DÉJOUONS LES PIÈGES

a) Comment entendre le « u » de « chacun », le « i » de « chemin » et le « g » de « long » ?
b) Pourquoi « semble » s'écrit avec un « em » ?
c) Dans quel mot assez proche de « trop » entend-on le « p » ?
d) Pourquoi « à » s'écrit avec un accent ?
e) Pourquoi « ses » ne s'écrit pas « ces » ?
f) Pourquoi y a-t-il un « s » à la fin de « côtés » ?
g) Rappel : les mots commençant par « co » s'écrivent avec un « c ».

CHERCHONS LE SENS DU PROVERBE

- Que ressent-on lorsqu'on marche longtemps seul ?
- Pourquoi le même chemin fait avec un ami semble moins long ?
- Y a-t-il un sens plus large à ce proverbe ?

FONCTIONNEMENT DE LA PHRASE

1. ADJECTIF = « long ». : *Aucun chemin ne semble trop beau…*
2. G.N. : (aucun + chemin) ; (un + ami) ; (ses + côtés)
   VERBE = « semble »: *Aucun chemin NE **semble** TROP…*
4. <u>SUJET</u> = « aucun chemin » :
   C'EST aucun chemin QUI ne semble trop long…
5. <u>PPS</u> : *Il (= aucun chemin) ne semble trop long.*
6. Le **VERBE** est conjugué au PRÉSENT.
7. Au PASSÉ : *Aucun chemin ne **semblait** trop long…*
   ou *Aucun chemin n'**a semblé** trop long…*
   au FUTUR : *Aucun chemin ne **semblera** trop long…*
8. INFINITIF : *Aucun chemin ne va **sembler** trop long…*

ASTUCES pour éviter les pièges

a) On peut entendre ces lettres muettes dans « chac**u**ne », dans « chem**i**ner » et dans « lon**g**ueur».
b) Il faut mettre « m » dans « semble » car les mots en « enb » doivent s'écrire « emb ».
c) « trop » est proche du mot « trou**p**eau » (animaux trop nombreux pour être comptés).
d) On ne peut pas dire : « avec un ami avait ses côtés ». Ce n'est pas le **VERBE** « avoir », il faut mettre un accent sur le « à ».
e) Il y a plusieurs « côtés ». Ce NOM est au PLURIEL. Il doit se terminer par un « s ».
f) « **s**es côtés », ce sont « les **s**iens » mais pas « ceux-là ».

SENS DU PROVERBE

Lorsqu'on marche longtemps seul, on s'ennuie et l'on se fatigue. Lorsqu'on marche avec un ami, on peut se parler, on ne s'ennuie pas, on se fatigue beaucoup moins. Ce proverbe montre que la vie est plus riche, moins triste avec des amis et que si on fait un projet à plusieurs, on s'aide, on s'encourage et on avance mieux.

PROVERBE n° 44 (QUARANTE-QUATRE) – Origine : CHINE

Une baguette est fragile. Dix baguettes sont dures comme le fer.

JOUONS AVEC LES PHRASES

1. Trouvez les deux ADJECTIFS (on peut les remplacer par un autre ADJECTIF). Quels NOMS précisent-ils ?
2. Trouvez les trois G.N.
3. Trouvez les **VERBES**
4. Trouvez les <u>SUJETS</u>.
5. Remplacez les <u>SUJETS</u> par des <u>PPS</u>.
6. À quels temps sont conjugués les **VERBES** ?
7. Conjuguez les phrases au PASSÉ puis au FUTUR.
8. Trouvez les INFINITIFS des **VERBES**.
9. Inventez une phrase par substitutions.

DÉJOUONS LES PIÈGES

a) Pourquoi « baguette » s'écrit avec « ette » ?
b) Comment savoir que « est » ne s'écrit pas « et » ?
c) Pourquoi « baguettes » et « dures » se terminent par un « s » ?
d) Peut-on se rappeler de l'orthographe de « comme »
e) Peut-on se rappeler de l'orthographe de « fer » ?
f) Si vous ne savez pas encore écrire « dix », il est temps de l'apprendre. Le « x » qui se prononce « s » est bien rare.
g) Rappel : « fragile » s'écrit avec un « g » car « ji » est très rare.

CHERCHONS LE SENS DU PROVERBE

- De quelle baguette parle ce proverbe chinois ?
- Pourquoi ne peut-on pas casser dix baguettes d'un coup ?
- En vérité, que veut dire ce proverbe ?

FONCTIONNEMENT DE LA PHRASE

1. ADJECTIF1 = « fragile » ; il précise le NOM « baguette ».
   ADJECTIF2 = « dures » ; il précise le NOM « baguettes ».
2. G.N. = (une + baguette) ; (dix + baguettes) ; (le + fer)
3. **VERBES** = « est » et « sont » : *Une baguette N'**est** PAS fragile.*
   *Dix baguettes NE **sont** PAS dures comme le fer.*
4. SUJET1 : *C'EST une baguette qui est fragile.*
   SUJET2 : *CE SONT dix baguettes qui sont dures…*
5. PPS : Elle (= la baguette) est fragile. Elles (= les baguettes)...
6. Les deux **VERBES** sont conjugués au PRÉSENT.
7. Au PASSÉ : *Elle **était** fragile. Elles **étaient** dures…*
   ou *Elle **a été** fragile. Elles **ont été** dures…*
   Au FUTUR : *Elle **sera** fragile. Elles **seront** dures…*
8. INFINITIFS : *Elle va **être** fragile. Elles vont **être** dures…*

ASTUCES pour éviter les pièges

a) « baguette » est un mot FÉMININ. Il se termine logiquement par un « e » et il double son « t » comme « fourchette ».
b) Peut-on remplacer le **VERBE** par « était » alors il faut écrire « est », sinon, il faut écrire « et ». (*Une baguette était fragile.*)
c) Ces deux mots sont au PLURIEL (DES baguettes dures). Il faut donc leur ajouter un « s ».
d) « *L'homme est comme une pomme* ». Voici trois mots qui se ressemblent . Assemblons-les pour se rappeler des trois !
e) Ne pas confondre « le fer » (métal) et « *tu peux le faire* » (fabriquer) !

SENS DU PROVERBE

Ce proverbe parle des baguettes chinoises pour manger. On peut en casser une, mais dix baguettes tenues serrées sont très résistantes. Ce proverbe signifie que l'homme seul a peu de chances de réussir une tache difficile tandis que des hommes unis peuvent résister aux difficultés et réaliser leur projet.

PROVERBE n° 45 (QUARANTE-CINQ) – Origine : CHINE

Un matin, le pain est tombé du ciel, mais je me suis levé trop tard.

JOUONS AVEC LA PHRASE

1. Trouvez les deux G.N.
2. Trouvez un autre NOM.
3. Mettez cette phrase à la forme négative pour trouver les **VERBES.**
4. Trouvez les SUJETS.
5. Remplacez le premier SUJET par le bon PPS.
6. À quels temps sont conjugués les **VERBES** ?
7. Conjuguez la phrase au PRÉSENT puis au FUTUR.
8. Trouvez les INFINITIFS des **VERBES**.
9. Inventez une phrase par substitutions.

DÉJOUONS LES PIÈGES

a) Comment se rappeler que « matin » s'écrit avec un « i » ?
b) Comment se rappeler que « pain » s'écrit avec un « a » ?
c) Pourquoi « est » ne s'écrit pas « et » ?
d) Comment entendre le « s » à la fin de « mais » et peut-on se rappeler facilement du « ai » ?
e) Comment entendre le « s » à la fin de « suis », le « p » à la fin de « trop » et le « d » à la fin de « tard » ?

CHERCHONS LE SENS DU PROVERBE

- Est-ce que celui qui parle a pu ramasser le pain ? Pourquoi ?
- Qu'imagine-t-on sur ce personnage ?
- Quelle est la leçon donnée par ce proverbe ?

FONCTIONNEMENT DE LA PHRASE

1. G.N. : (un + matin) ; (le + pain)
2. NOM = « ciel »
3. **VERBE1** = « est tombé » : *Un matin, le pain N'**est** PAS **tombé** du …*
   VERBE2 = « me suis levé » : *Mais je NE **me suis** PAS **levé** trop tard.*
4. SUJET1 = « le pain » : *C'EST le pain QUI est tombé du ciel…*
   SUJET2 = « je » (PPS)
5. PPS : Un matin, il (= le pain) est tombé du ciel.
6. Les **VERBES** sont conjugués au PASSÉ (COMPOSÉ)
7. Au PRÉSENT : *Un matin, le pain **tombe** du ciel, mais je **me lève**…*
   Au FUTUR : *Un matin, le pain **tombera**… je **me lèverai**…*
8. INFINITIFS : *le pain va **tomber** du ciel, mais je vais **me lever**…*

ASTUCES pour éviter les pièges

a) Se rappeler du mot « matinée »
b) Se rappeler du mot « pané ».
c) On peut dire « le pain était tombé », c'est donc le **VERBE** « avoir » et pas le mot de liaison « et ».
d) On peut entendre le « s » dans « oui, mais encore du maïs ! ». penser aussi à « malgré ».
e) Les lettres muettes peuvent être entendues avec la liaison « je suis en retard » et dans les mots proches : « troupeau » et « retarder » (tardif, attardé).

SENS DU PROVERBE

Le personnage qui parle s'est levé trop tard. Tout le pain a été ramassé avant par d'autres. On imagine que c'est quelqu'un qui n'a pas de pain, ne sait pas en faire mais surtout qui ne fait pas d'effort car même si le pain était gratuit, il faudrait faire un effort pour le chercher.

PROVERBE n° 46 (QUARANTE-SIX) – Origine : ESPAGNE

Vous parlez sans penser comme certains hommes tirent sans viser.

JOUONS AVEC LA PHRASE

1. Trouvez le G.N.
2. Trouvez les deux **VERBES.**
3. Trouvez les deux SUJETS.
4. Remplacez le second SUJET par le bon PPS.
5. À quels temps sont conjugués les **VERBES** ?
6. Conjuguez la phrase au PASSÉ puis au FUTUR.
7. Trouvez les INFINITIFS des **VERBES**.
8. Trouvez deux **VERBES** à l'INFINITIF.
9. Inventez une phrase par substitutions.

DÉJOUONS LES PIÈGES

a) Pourquoi « parlez » se termine par « ez » ?
b) Avec quel mot déjà vu ne faut-il pas confondre « sans » ?
c) Quel mot proche de « penser » permet d'entendre le « e » ?
d) Pourquoi « penser » et « viser » se terminent par « er » ?
e) Peut-on facilement se rappeler que « certains » commence par « c » et s'écrit avec « ain » ?
f) Pourquoi « certains » et « hommes » se terminent par un « s » ?
g) Pourquoi « tirent » se termine par « nt » ?
h) Rappel : « comme » et « homme » doivent déjà être connus.

CHERCHONS LE SENS DU PROVERBE

- Qu'arrive-t-il quand on tire sans viser ?
- Peut-on parler sans penser ?
- Que nous enseigne ce proverbe ?

FONCTIONNEMENT DE LA PHRASE

1. G.N. = (certains + hommes)
2. **VERBES** : *Vous NE* ***parlez*** *PAS sans penser comme certains hommes NE* ***tirent*** *PAS sans viser.*
3. SUJET1 = « vous » (PPS)
   SUJET2 : *CE SONT certains hommes QUI tirent sans viser.*
4. PPS : *Ils (= certains hommes) tirent sans viser.*
5. Les deux **VERBES** sont conjugués au PRÉSENT.
6. Au PASSÉ COMPOSÉ : *Vous* ***avez parlé*** *… Ils* ***ont tiré****…*
   À l'IMPARFAIT : *Vous* ***parliez****… ils* ***tiraient****…*
   Au FUTUR : *Vous* ***parlerez****…Ils* ***tireront****…*
7. INFINITIFS : *Vous allez* ***parler****… Ils vont* ***tirer****…*
8. « penser » et « viser » sont deux **VERBES** à l'INFINITIF.

ASTUCES pour éviter les pièges

a) L'accord SUJET-**VERBE** impose la TERMINAISON au **VERBE** « parler » : VOUS → …**ez**.
b) Dans « sens » le « s » s'entend. « sang » est un NOM. « cent » est un nombre. On doit donc pouvoir les différencier.
c) « Peser le pour et le contre, c'est une façon de penser. »
d) « penser » et « viser » sont des **VERBES** à l'INFINITIF. On peut s'en rendre compte en les remplaçant par un autre **VERBE** à l'INFINITIF (qui ne se termine pas en ER) comme « vendre ».
e) Ici, « certains » est un DÉTERMINANT qui commence par un « c » comme « ce, cette, celui ». Pas d'astuce pour « ain ».
f) « certains hommes » est un G.N. au PLURIEL. Les deux mots se terminent donc par un « s ».
g) L'accord SUJET-**VERBE** impose la TERMINAISON au PRÉSENT au **VERBE** « tirer » : ILS → …**ent**.

SENS DU PROVERBE

Quand on tire sans viser, on rate souvent la cible. Quand on parle sans penser (ce qui arrive souvent aux bavards), nos paroles sont pauvres, inutiles et parfois même nuisibles.

PROVERBE n° 47 (QUARANTE-SEPT) – Origine : FRANCE

Partirez-vous en mer durant la tempête ? Agirons-nous dans la colère ?

JOUONS AVEC LES PHRASES

1. Trouvez les deux G.N.
2. Trouvez un autre NOM.
3. Trouvez les **VERBES.**
4. Trouvez les SUJETS.
5. À quels temps sont conjugués les **VERBES** ?
6. Conjuguez les phrases au PASSÉ puis au PRÉSENT.
7. Trouvez les INFINITIFS des **VERBES**.
8. Inventez une phrase par substitutions.

DÉJOUONS LES PIÈGES

a) Pourquoi « partirez » se termine par « ez » ?
b) Pourquoi « agirons » se termine par « ons » ?
c) Trouvez deux autres mots qui peuvent remplacer « durant » et qui ont la même terminaison.
d) Pourquoi « mer » est un mot étrange ?
e) Pourquoi « tempête » a-t-il un « m » et non un « n » et d'où vient l'accent circonflexe ?
f) Vous souvenez-vous des astuces pour « colère » ?
g) Rappel : le « s » à la fin de « nous », « vous » et « dans » doit être connu maintenant.

CHERCHONS LE SENS DU PROVERBE

- Pourquoi faut-il éviter de partir en bateau pendant une tempête ?
- Pourquoi la colère est-elle une sorte de tempête ?

FONCTIONNEMENT DE LA PHRASE

1. G.N. = (la +tempête) ; (la + colère)
2. NOM = « mer ».
3. **VERBES** : *Ne* ***partirez****-vous PAS … N'****agirons*** *nous PAS ….*
4. SUJETS : « vous » et « nous » (PPS)
5. Les deux **VERBES** sont conjugués au FUTUR.
6. Au PASSÉ COMPOSÉ : **Êtes**-vous **partis**… **Avons**-nous **agi**…
   À l'IMPARFAIT : **Partiez**-vous…**agissions**-nous…
   Au PRÉSENT : **Partez**-vous… **Agissons**-nous…
7. INFINITIFS : Allez-vous **partir**… Allons-nous **agir**…

ASTUCES pour éviter les pièges

a) La TERMINAISON de « partirez » s'explique par l'accord SUJET-**VERBE** : VOUS → …**rez**.
b) La TERMINAISON de « agirons» s'explique par l'accord SUJET-**VERBE** : NOUS → **…ons**.
c) « pendant » et « avant » peuvent remplacer « durant » et se terminent aussi par « ant ».
d) « mer » est un NOM FÉMININ mais il ne se termine pas par un « e ». On dit « maritime » mais « mer » s'écrit sans « a » !
e) « tempête » s'écrit avec un « m » car cette lettre est suivie d'un « p ». L'accent circonflexe remplace un « s » disparu (on l'entend encore dans « intempestif »).
f) Les mots en « co » ne commencent presque jamais par « k » ou « qu ». Le « e » s'entend sous forme de « é » dans « col**é**reux ».

SENS DU PROVERBE

Pendant la tempête, les petits bateaux risquent de disparaître en mer. Le vent violent et les vagues les empêchent de se diriger. La colère est comme une tempête à l'intérieur de notre corps. Nous ne pouvons plus nous diriger et les résultats de nos actions sont désastreux. Quand le calme revient, nous regrettons.

PROVERBE n° 48 (QUARANTE-HUIT) – Origine : CHINE

Je me rappelle les gentilles paroles. J'oublie les injures.

JOUONS AVEC LES PHRASES

1. Trouvez l'ADJECTIF (on peut le remplacer par un autre ADJECTIF). Quel NOM précise-t-il ?
2. Trouvez les deux G.N.
3. Trouvez les **VERBES**
4. Trouvez les SUJETS.
5. À quels temps sont conjugués les **VERBES** ?
6. Conjuguez les phrases au PASSÉ puis au FUTUR.
8. Trouvez les INFINITIFS des **VERBES**.
9. Inventez une phrase par substitutions.

DÉJOUONS LES PIÈGES

a) Pourquoi « rappelle » a deux « p » ?
b) Pourquoi « rappelle » a deux « l » ?
c) Pourquoi « gentilles » ne commence pas par « jan » ?
d) Pourquoi les mots « gentilles », « paroles » et « injures » se terminent-ils pas un « s » ?
e) Pourquoi « oublie » se termine-t-il par un « e » ?
f) Pourquoi « injures » commence par « in » ?

CHERCHONS LE SENS DU PROVERBE

- Que pensez-vous de la personne qui parle ?
- Pensez-vous que c'est facile de faire comme elle ?
- Croyez-vous qu'elle a raison d'oublier les injures ?

FONCTIONNEMENT DE LA PHRASE

1. On peut dire « les belles paroles ». « gentilles » est un ADJECTIF (comme « belles »). Il précise le NOM « paroles ».
1. G.N. = (les + gentilles + paroles) ; (les + injures)
2. **VERBE1** = « rappelle » : *Je NE me **rappelle** PAS les paroles…*
   VERBE2 = « oublie » : *Je N'**oublie** PAS les injures.*
3. SUJETS = « Je » (PPS)
4. Les deux **VERBES** sont conjugués au PRÉSENT.
5. Au PASSÉ : *Je me **rappelais** les ... J'**oubliais** les injures.*
   Ou *Je me **suis rappelé** les … J'**ai oublié** les injures.*
6. Au FUTUR : *Je me **rappellerai** les … J'**oublierai** les injures.*
7. INFINITFS : *Je vais me **rappeler** les… Je vais **oublier** les...*

ASTUCES pour éviter les pièges

a) « rappelle » a deux « p » comme « appelle » et presque tous les mots commençant par « ap ».
b) « rappelle » a deux « l » mais pas d'accent (comme le mot « elle ») mais « nous rappelons » ne prend qu'un « l » car on entend « elon » (comme « melon ») mais pas « ellons ».
c) Les mots commençant par « jan » sont très rares (janvier).
d) Ces trois NOMS sont au PLURIEL : LES « gentilles paroles » et LES « injures ». Ils se terminent donc par un « s ».
e) Le « e » de « j'oublie » s'entend dans l'INFINITIF « oublier ».
f) Les mots commençant par « ein » et « ain » n'existent pas.

SENS DU PROVERBE

Les souvenirs de cette personne sont faits de choses agréables. Cela l'aide à voir la vie avec le sourire. Son monde intérieur est beau et joyeux. Il vaut mieux être comme cela que de garder en mémoire les choses négatives. Cela doit demander des efforts. Une injure qu'on n'oublie pas devient une blessure tandis que si on n'y attache pas d'attention, elle ne laisse pas de trace.

PROVERBE n° 49 (QUARANTE-NEUF) – Origine : KURDE

L'homme intelligent arrive à faire du pain avec une pierre.

JOUONS AVEC LA PHRASE

1. Trouvez l'ADJECTIF. Quel NOM précise-t-il ?
2. Trouvez les trois G.N.
3. Trouvez le **VERBE.**
4. Trouvez le SUJET.
5. Remplacez le SUJET par le bon PPS.
6. À quel temps est conjugué le **VERBE** ?
7. Conjuguez la phrase au PASSÉ puis au FUTUR.
8. Trouver l'INFINITIF du **VERBE**.
9. Inventez une phrase par substitutions.

DÉJOUONS LES PIÈGES

a) Parmi tous les pièges du mot « intelligent » lesquels pouvez-vous déjouer ?
b) Peut-on se rappeler des deux « r » dans « arrive » et « pierre » ?
c) Pourquoi « à » s'écrit-il avec un accent ?
d) Dans quel mot proche de « pain » peut-on entendre le « a » ? Dans quel mot proche de « faire» peut-on entendre le « a » ?
e) Rappel : Si vous n'avez pas encore mémorisé le mot « homme », lisez-le et écrivez-le encore.

CHERCHONS LE SENS DU PROVERBE

- De quoi a-t-on besoin pour faire du pain ?
- À quel moment de la fabrication du pain pouvait-on utiliser une pierre ?
- Si on oublie le pain, que veut dire ce proverbe ?

FONCTIONNEMENT DE LA PHRASE

1. ADJECTIF = « intelligent » ; il précise le NOM « homme ».
2. G.N. = (l' + homme + intelligent) ; (du + pain) ; (une + pierre)
3. **VERBE** : *L'homme intelligent N'**arrive** PAS à faire…*
4. SUJET : C'EST l'homme intelligent QUI arrive à faire…
5. PPS : *Il (= L'homme intelligent) arrive à faire…*
6. Le **VERBE** est conjugué au PRÉSENT.
7. Au PASSÉ (COMPOSÉ) : *Il **est arrivé** à faire du pain…*
   Au PASSÉ (IMPARFAIT) : *Il **arrivait** à faire du pain…*
   Au FUTUR : *Il **arrivera** à faire du pain…*
8. INFINITIF : *Il va **arriver** à faire du pain…*

ASTUCES pour éviter les pièges

a) On peut déjouer les pièges de « intelligent » :
   1) « intelligent » commence par « in » car aucun mot ne commence par « ain » ni « ein » et « un » est rare (« untel »).
   2) Il n'y a pas d'accent sur le « e » car il est suivi de deux « l » (comme le mot « elle »). Mais pour les deux « l », une d'astuce tordue : « l'oiseau est intelligent : il a deux ailes » !
   3) Aucun mot ne se termine par « jan » ou par « jen ».
   4) Le « t » final s'entend dans « intelligen**t**e ».

b) Les doubles consonnes sont une plaie. Il faut surtout observer ces mots et les écrire.

c) Puisqu'on ne peut pas dire « L'homme intelligent arrive avait faire du pain… », ce n'est pas le **VERBE** « avoir », il faut donc mettre un accent.

d) On entend le « a » dans « p**a**né »et dans « f**a**briquer ».

SENS DU PROVERBE

Pour faire du pain, il faut de l'eau, du sel, de la levure et de la farine. Pour faire la farine, il faut écraser les grains de blé. Autrefois, on utilisait une grosse pierre. Ce proverbe signifie que l'intelligence permet de faire des choses qui semblent impossibles (comme aller sur la lune).

PROVERBE n° 50 (CINQUANTE) – Origine : CHINE

Nous maudissons l'obscurité. Allumons plutôt une chandelle.

JOUONS AVEC LES PHRASES

1. Trouvez les deux G.N.
2. Trouvez les **VERBES**
3. Trouvez le SUJET de la première phrase.
4. La seconde phrase a-t-elle un SUJET ?
5. À quel temps est conjugués le premier **VERBE** ?

Remarque. Dans la seconde phrase, on se donne un ordre, ce temps s'appelle IMPÉRATIF.

6. Conjuguez la première phrase au PASSÉ puis au FUTUR.
7. Trouvez les INFINITIFS des **VERBES**.
8. Inventez une phrase par substitutions.

DÉJOUONS LES PIÈGES

a) Comment se rappeler que « maudissons » s'écrit avec « au » ?
b) Pourquoi « maudissons » se termine par « ons » ?
c) Que remplace l'apostrophe de « l' » ?
d) Comment se rappeler du « t » à la fin de « plutôt » ?
e) Peut-on se rappeler des deux « l » de « allumons » ?
f) Comment se rappeler du « a » dans « chandelle » ?
g) Pourquoi « chandelle » s'écrit-il avec « elle » ?

CHERCHONS LE SENS DU PROVERBE

- Que signifie « maudire » et « obscurité » ?
- Si vous êtes dans l'obscurité, à quoi sert de pleurer, de dire des injures et des plaintes ?
- Quel est le but de ce proverbe ?

FONCTIONNEMENT DE LA PHRASE

1. G.N. = (l' + obscurité) ; (une + chandelle)
2. **VERBES** = « maudissons » et « allumons » : *Nous NE **maudissons** PAS l'obscurité. N'**allumons** PAS une chandelle.*
3. SUJET1 = « Nous » (PPS)
4. La seconde phrase a un SUJET invisible (Nous) car on peut dire : *Allumons, nous aussi, une chandelle.*
5. Le premier **VERBE** est conjugué au PRÉSENT.
6. Au PASSÉ : *Nous **maudissions** l'obscurité.*
   ou *Nous **avons maudit** l'obscurité.*
   Au FUTUR : *Nous **maudirons** l'obscurité.*
7. INFINITIFS : *Nous allons **maudire** l'obscurité. Allons plutôt **allumer** une chandelle.*

ASTUCES pour éviter les pièges

a) « nous maudissons » signifie « nous voulons dire du mal ».
b) La TERMINAISON de « maudissons » est imposée par l'accord SUJET-**VERBE** : NOUS → ...**ons**
c) « l'obscurité » signifie « la obscurité ».
d) « plutôt » s'écrit avec un « t » final comme « tôt ». On peut l'entendre dans « tôt ou tard ».
e) Pour se rappeler des deux « l », il va falloir relire et écrire le mot suffisamment de fois pour le mémoriser.
f) Ajouter ce mot au « texte de Maman Amanda ».
g) « chandelle » est un mot FÉMININ. Il se termine logiquement par un « e » et il double son « l » comme « rondelle ».

SENS DU PROVERBE

L'obscurité est l'absence de lumière. Maudire c'est crier des paroles mauvaises et. menaçantes. Celui qui panique dans l'obscurité et se contente de plaintes et d'injures restera dans l'obscurité mais en plus, il se fait du mal inutilement. Ce proverbe nous dit que la solution à nos problèmes est d'agir avec volonté, espoir et créativité.

PROVERBE n° 51 (CINQUANTE ET UN) – Origine : CHINE

Le coeur est un étang. Quand rien ne l'agite, la boue reste au fond.

JOUONS AVEC LES PHRASES

1. Trouvez les trois G.N.
2. Trouvez un autre NOM.
3. Trouvez les trois **VERBES.**
4. Trouvez les trois SUJETS.
5. Remplacez le premier et le troisième SUJETS par des PPS .
6. Remplacez le second SUJET par un G.N.
7. À quels temps sont conjugués les **VERBES** ?
8. Conjuguez les phrases au PASSÉ puis FUTUR.
9. Trouvez les INFINITIFS des **VERBES**.
10. Inventez une phrase par substitutions.

DÉJOUONS LES PIÈGES

a) Comment se rappeler que « cœur » commence par « co » ?
b) Pourquoi « est » ne s'écrit pas « et » ?
c) Il n'y a pas de bonne raison pour expliquer pourquoi « étang » s'écrit avec un « a » et un « g ». Mais peut-on s'en rappeler ?
d) Comment se rappeler l'orthographe de « quand » ?
e) Que remplace de PRONOM « l' » ?
f) Comment entendre le « e » de « boue » ?
g) Comment entendre le « d » à la fin de « fond » ?

CHERCHONS LE SENS DU PROVERBE

- S'il y a de la boue au fond de l'eau et que je l'agite, que se passera-t-il ?
- Qu'est-ce qui peut agiter l'étang ? Qu'est-ce qui peut agiter le cœur ?

FONCTIONNEMENT DE LA PHRASE

1. G.N. = (le + cœur) ; (un + étang) ; (la + boue)
2. NOM = « fond »
3. **VERBES** : *Le cœur N'**est** PAS un étang. Quand quelque chose NE l'**agite** PAS, la boue NE **reste** PAS au fond.*
4. SUJETS : *C'EST le cœur QUI est un étang. C'EST rien QUI ne l'agite, C'EST la boue QUI reste au fond.*
5. PPS : *Il (=le cœur) est un étang… elle (= la boue) reste au fond.*
6. *PPS → G.N. : Quand aucun trouble (=rien) ne l'agite.*
7. Les trois **VERBES** sont conjugués au PRÉSENT.
8. Au PASSÉ COMPOSÉ : *Il **a été** un étang. Quand rien ne l'**a agité**, elle **est restée** au fond.*
   À L'IMPARFAIT : *Il **était** un étang. Quand rien ne l'**agitait**, elle **restait** au fond.*
   AU FUTUR : *Il **sera** un étang. Quand rien ne l'**agitera**, elle **restera** au fond.*
9. INFINITIFS : *Il va **être** un étang. Quand rien ne va l'**agiter**, elle va **rester** au fond.*

ASTUCES pour éviter les pièges

a) « cœur » commence par un « c » comme « **c**ardiaque ». L'ajout d'un « o » permet d'entendre « k » et pas « s » au début.
b) On peut dire « Le cœur était un étang. » (**VERBE** « être »).
c) « étang » a un « a » comme « l**a**c » et un « g » comme « rang » (ranger) et « sang » (sanguin).
d) « quand » commence par un « q » comme « que, qui, quoi, quel » . Ce mot a été ajouté au texte de Maman Amanda. Attention à la liaison trompeuse qui laisse croire à un « t » final.
e) « l' » remplace « le cœur » : «*quand rien n'agite le cœur…* »
f) *« boue » est FÉMININ. On entend le « e » dans « boueux ».*
g) On peut entendre le « d » dans « profon**d**e ».

SENS DU PROVERBE

Si j'agite l'eau, la boue remonte, l'eau se trouble et devient sale. Pour une personne, c'est pareil, si j'agite mes mauvaises émotions, pensées, paroles, actions, je me salis intérieurement. Laissons la boue au fond.

PROVERBE n° 52 (CINQUANTE-DEUX) – Origine : CHINE

Mon frère fait l'âne et il s'étonne quand les autres lui montent dessus.

JOUONS AVEC LA PHRASE

1. Trouvez les trois G.N.
2. Trouvez les trois **VERBES.**
3. Trouvez les trois SUJETS.
4. Remplacez le premier et le troisième SUJETS par des PPS .
5. À quels temps sont conjugués les **VERBES** ?
6. Conjuguez la phrase au PASSÉ puis au FUTUR.
7. Trouvez les INFINITIFS des **VERBES**.
8. Inventez une phrase par substitutions.

DÉJOUONS LES PIÈGES

a) Pourquoi « fait » se termine par un « t » ?
   Pourquoi « montent » se termine par « nt » ?
b) Pourquoi « et » ne s'écrit pas « est » ?
c) Pourquoi « s'étonne » s'écrit avec deux « n » ?
d) Vous n'avez pas oublié comment se rappeler de l'orthographe de « quand » ?
e) Pourquoi « autres » commence par « au » et finit par un « s » ?
f) Quel mot proche de « dessus » permet d'entendre le « s » final ?
g) Rappel : les apostrophe remplacent un « e » disparu (le, se).
h) Rappel : « frère » a la même terminaison que « père » et « mère ».

CHERCHONS LE SENS DU PROVERBE

- Que penseront les autres si vous faites semblant d'être idiot ou semblant d'être malheureux, ou d'avoir peur ?
- Et que feront alors les autres ?

FONCTIONNEMENT DE LA PHRASE

1. G.N. = (mon + frère) ; (l' + âne) ; (les + autres)
2. **VERBES** : *Mon frère NE **fait** PAS l'âne et il NE **s'étonne** PAS quand les autres NE lui **montent** PAS dessus.*
3. SUJET1 : *C'EST mon frère QUI fait l'âne.* SUJET2 = « il ».
   SUJET3 : *C'EST les autres QUI lui montent dessus.*
4. PPS : *Il (= mon frère) fait l'âne... ils (= les autres) lui montent...*
5. Les trois **VERBES** sont conjugués au PRÉSENT.
6. Au PASSÉ COMPOSÉ : *Il **a fait** l'âne et il **s'est étonné** quand ils lui s**ont montés** dessus.*
   À l'IMPARFAIT : *Il **faisait** l'âne et il **s'étonnait** quand ils lui **montaient** dessus.*
   Au FUTUR : *Il **fera** l'âne et il **s'étonnera** quand ils lui **monteront** dessus.*
7. INFINITIFS : *Il va **faire** l'âne et il va **s'étonner** quand ils vont lui **monter** dessus.*

ASTUCES pour éviter les pièges

a) Les TERMINAISONS s'expliquent par les accords SUJET-**VERBE** : IL → ...**t** (au PRÉSENT pour les **VERBES** qui n'ont pas leur INFINITIF en ER) ; et, ILS → ...**nt**
b) « et » n'est pas le **VERBE** être ; on ne peut pas le conjuguer et dire « Mon frère fait l'âne était il s'étonne...).
c) Beaucoup de **VERBES** (en ommer, onner, opper, otter) doublent leur consonne.
d) « quand » a été vu dans le proverbe précédent !
e) « autres » commence par « au » comme « alter, aussi » et il finit par un « s » parce qu'il est au PLURIEL !
f) « su**s**pendre », c'est « mettre au-dessus ».

SENS DU PROVERBE

Si vous jouez à faire l'idiot, les autres peuvent penser que vous êtes vraiment idiot. Ils vous traiteront alors comme un idiot. À force, vous finirez même par être un peu plus idiot.

PROVERBE n° 53 (CINQUANTE-TROIS) – Origine : ITALIE

Ils ont attrapé les oiseaux par les pattes. Ils attraperont les hommes avec des paroles.

JOUONS AVEC LES PHRASES

1. Trouvez les quatre G.N
2. Trouvez les **VERBES.**
3. Trouvez les SUJETS.
4. Remplacez les PPS par un G.N.
5. À quels temps sont conjugués les **VERBES** ?
6. Conjuguez les phrases au PRÉSENT.
7. Trouvez l' INFINITIF des **VERBES**.
8. Inventez une phrase par substitutions.

DÉJOUONS LES PIÈGES

a) Pourquoi « ont » ne s'écrit pas « on » ?
b) Pourquoi « attraperont » se termine par « nt » ?
c) Comment se rappeler des deux « t » dans « attrapé » et dans « pattes »?
d) Pourquoi « pattes », « hommes » et « paroles » se terminent par un « s » et pourquoi « oiseaux » se termine par un « x » ?
e) Rappel : Le mot « homme » a été vu de nombreuses fois. Je pense que vous l'avez photographié dans votre mémoire.
f) Rappel : n'oubliez pas de faire la liaison pour entendre le « s » dans « ils ont ».

CHERCHONS LE SENS DU PROVERBE

- Quel piège permet d'attraper un oiseau par les pattes ?
- Trouvez un exemple de paroles qui permettent de piéger quelqu'un.

FONCTIONNEMENT DE LA PHRASE

1. G.N. = (les + oiseaux) ; (les + pattes) ; (les + hommes) ; (des + paroles)
2. **VERBES** : *Ils N'**ont** PAS **attrapé**… Ils N'**attraperont** PAS..*
3. SUJETS = « ILS » (PPS)
4. PPS → G.N. : *Les chasseurs (= Ils) ont attrapé les oiseaux…*
   Les menteurs (= ils) attraperont les hommes…
5. Le premier **VERBE** est conjugué au PASSÉ COMPOSÉ (Hier ils ont attrapé).
   Le second **VERBE** est conjugué au FUTUR (Demain, ils attraperont).
6. Au PRÉSENT : Ils **attrapent** les oiseaux…et les hommes…
7. INFINITIF : *Ils vont **attraper** les oiseaux…*

ASTUCES pour éviter les pièges

a) « ont » est le **VERBE** « avoir » au PRÉSENT. Le SUJET est ILS. L'accord SUJET-**VERBE** impose : ILS → …**nt**. On peut aussi conjuguer « ont » et le remplacer par « avaient ».
b) L'accord SUJET-**VERBE** au FUTUR impose : ILS → …**ront**.
c) Le meilleur moyen est de bien l'observer et de recopier en appuyant sur le « tt ». Ne pas confondre avec la « pâte » qui est faite avec de la farine.
d) Ces quatre NOMS sont au PLURIEL. Ils doivent donc se terminer par un « s » sauf « oiseau » qui se termine par un « x » au PLURIEL comme tous les mots en « au » et « eu ».

SENS DU PROVERBE

« Poser un collet » signifie installer un nœud coulant dans lequel un oiseau viendra mettre sa patte. Les hommes, eux, se font tromper par de belles promesses qui ne seront pas tenues (exemple : un produit miracle pour ne pas vieillir ou pour maigrir).

PROVERBE n° 54 (CINQUANTE-QUATRE) – Origine : AFRIQUE

Un homme avait une lance sur l'épaule. Il n'était pas le plus courageux.

JOUONS AVEC LES PHRASES

1. Trouvez l'ADJECTIF. Quel NOM précise-t-il ?
2. Trouvez les deux G.N..
3. Trouvez les deux **VERBES.**
4. Trouvez les SUJETS.
5. Remplacez le premier SUJET par un PPS.
6. À quels temps sont conjugués les **VERBES** ?
7. Conjuguez les phrases au PRÉSENT puis au FUTUR.
8. Trouvez les INFINITIFS des **VERBES**.
9. Inventez une phrase par substitutions.

DÉJOUONS LES PIÈGES

a) Pourquoi « avait » et « était » se terminent par « ait » ?
b) Pourquoi « lance » a cette orthographe ?
c) Quels mots peuvent aider à se rappeler qu' « épaule » s'écrit-il avec un « a » ?
d) Quels pièges savez-vous déjouer dans « courageux » ?
e) Rappel : « homme », « pas » et « plus » sont déjà bien connus de vous n'est-ce pas ?

CHERCHONS LE SENS DU PROVERBE

- Un homme qui porte une lance est-il un bon chasseur ?
- Porter une arme, est-ce être courageux ?
- Trouvez un exemple d'acte courageux.

FONCTIONNEMENT DE LA PHRASE

1. ADJECTIF = « courageux ».
   Il précise le NOM « homme » (remplacé par le PRONOM « il »).
2. G.N = (un + homme) ; (une + lance).
3. **VERBE1** : *Un homme N'**avait** PAS une lance…*
   VERBE2 : *Il N'**était** PAS le plus courageux.*
4. <u>*SUJET1*</u> : *C'EST <u>un homme</u> QUI avait une lance…*
   <u>*SUJET2*</u> = « <u>*il*</u> » *(PPS)*
5. <u>PPS</u> : *Il (= un homme) avait une lance…*
6. Les deux **VERBES** sont conjugués à l'IMPARFAIT.
7. Au PRÉSENT : *Il **a** une lance.. Il n'**est** pas le plus courageux.*
   Au FUTUR : *Il **aura** une lance… Il ne **sera** pas… courageux.*
8. INFINITIFS : *Il va **avoir** une lance… Il ne va **pas** être ....*

ASTUCES pour éviter les pièges

a) L'accord <u>SUJET</u>-**VERBE** impose la TERMINAISON de ces deux **VERBES** à L'IMPARFAIT : <u>IL</u> → …**ait**.
b) Les mots en « anse » (danse) et « ense » (défense) sont très rares et les mots en « ance » beaucoup plus nombreux.
c) « sp**a**tule » et « omopl**a**te » sont proches –même si ce n'est pas évident.
d) 1) Les mots commençant par « cou » ne commencent jamais par « qu » ni par « k ».
   2) « courageux » vient du NOM « courage » qui ne peut pas se terminer par « je ».
   3) « courageux » est un ADJECTIF qui se termine par « eux » au MASCULIN et « euse » au FÉMININ » comme « dangereux, fameux, heureux, jouyeux… »

SENS DU PROVERBE

Porter une lance ne signifie pas qu'on combat le lion face à face. Montrer qu'on a une arme, c'est vouloir imposer la peur. Le courage, c'est par exemple défendre quelqu'un en prenant un risque.

ÉLÉMENTS DE GRAMMAIRE
TRAVAILLÉS DANS LES DICTÉES

Par ordre d'apparition :

NOM COMMUN
DÉTERMINANT
MASCULIN et FÉMININ
SINGULIER et PLURIEL
NOM PROPRE
ADJECTIF
GROUPE DU NOM (GN)
ACCORDS DANS LE GN
PRONOMS PERSONNELS
VERBES
TERMINAISONS
INFINITIF
FORME NÉGATIVE
SUJET
PRONOMS PERSONNELS SUJETS (PPS)
TEMPS DE CONJUGAISON
PASSÉ, PRÉSENT, FUTUR
L'ACCORD SUJET-**VERBE**
IMPARFAIT et PASSÉ COMPOSÉ

Vous pouvez lire les explications qui suivent. L'étude des dictées permettra de manipuler toutes ces notions pour les maîtriser. Vous pourrez vous reporter à ces pages régulièrement si vous en avez besoin.

Tous ces termes apparaissent en lettres CAPITALES.

Dans tous les endroits du monde, **les hommes ont donné des noms aux choses** qu'ils pouvaient toucher ou qu'ils voyaient au loin :

pierre, fleur, poisson, nuage

Ils ont aussi donné des noms à des choses qu'on ne voit pas mais qu'on ressent ou même qu'on imagine :

peur, nuit, fête, chance

Ces mots, on les range dans la catégorie : NOMS (COMMUNS)

COMMUN signifie « qui n'est pas unique » ; on peut en trouver plusieurs et les appeler de la même façon. Sur le chemin, il y a beaucoup de pierres ; dans le ciel, il y a beaucoup de nuages, je ne leur donne pas à chacun un nom différent, je dis « une pierre », « un nuage ».

On va donc pouvoir **compter** ces choses (NOMS COMMUNS) :

aucune fleur, une fleur, deux fleurs, trois fleurs, ...

Et si je ne dis pas le nombre exact :

des pierres, quelques poissons, plusieurs nuits.

Ces mots qu'on met devant un NOM pour les compter, on les appelle des DÉTERMINANTS.

Si je veux être plus précis, j'utilise d'autres DÉTERMINANTS (pour indiquer à qui est la chose , pour montrer ou interroger) :
Mon collier, cette souris, quel jour ?...

En français, on peut séparer les NOMS COMMUNS en deux catégories :

Les NOMS qu'on peut mettre derrière le DÉTERMINANT « un » : *un poisson, un arbre, un nuage, un livre, un garçon…* Ces DÉTERMINANTS et ces NOMS sont MASCULINS.	Les NOMS qu'on peut mettre derrière le DÉTERMINANT « une » : *une souris, une fleur, une table, une pierre, une fille…* Ces DÉTERMINANTS et ces NOMS sont FÉMININS.

On peut aussi classer les DÉTERMINANTS suivant le nombre de choses comptées :

un, une, le, la, mon, ma, ce, cette Ces DÉTERMINANTS désignent une seule chose. Ils sont SINGULIERS.	*les, des, mes, ces, quelques, six…* Ces DÉTERMINANTS désignent plusieurs choses. Ils sont PLURIELS.

Remarquons que si le déterminant est au PLURIEL, le nom est aussi au PLURIEL. Quand on écrit, on ajoute la lettre « s » à la fin du NOM * :

un chat → *des chat**s***
le jour → *les jour**s***

On dit que le déterminant et le nom **s'accordent**.

** Remarque : dans certains cas on ajoute un « x » au lieu du « s ».*

RÉSUMONS

On trouve donc presque toujours Le DÉTERMINANT et le NOM ensemble, le DÉTERMINANT est devant le NOM. Ils s'accordent.

DÉTERMINANTS MASCULINS SINGULIERS:
le, un, mon, ton, son, notre, votre leur, ce

DÉTERMINANTS FÉMININS SINGULIERS:
la, une, ma, ta, sa, notre, votre, leur, cette

DÉTERMINANTS PLURIELS:
des, les, mes, tes, ses, nos, vos, leurs, ces, deux, trois,...

Certains NOMS (pays, personnes…) ne sont pas communs, ils sont uniques, on leur donne un nom unique qui est leur propriété. Ce sont des NOM PROPRE.

Dehors, il y a des chiens, mais mon chien s'appelle Brutus.
C'est son nom propre.

Les NOMS PROPRES commencent par une majuscule (pour leur faire honneur). *La France, Pierrette, les Suédois, Paris* sont des NOMS PROPRES.

Il existe une autre catégorie de mots qui servent à donner une précision sur le NOM ; ces mots sont les ADJECTIFS.

Un beau livre, une table basse,
les grands arbres, des pierres précieuses...

Un ADJECTIF est devant ou derrière un NOM.

Le poisson rouge, une gentille fille…

D N A D A N

Remarque utile: on peut toujours supprimer l'ADJECTIF qui est près du NOM.

Sa robe (jaune) est dans la machine à laver.

Par contre, lorsque l'ADJECTIF n'est pas à côté du NOM, on ne peut pas le supprimer

La robe est jaune.

Finalement, un NOM se trouve dans un groupe :
le GROUPE DU NOM (GN)

Ce GN peut être DÉTERMINANT + NOM
ou DÉTERMINANT + NOM + ADJECTIF
ou DÉTERMINANT + ADJECTIF+ NOM

Dans le GN, tous les mots s'accordent :
SINGULIERS ou PLURIELS
MASCULINS ou FÉMININS.

On peut remplacer le GROUPE DU NOM par IL, ELLE, ILS, ELLES.

MASCULIN SINGULIER : le grand bateau = IL
FÉMININ SINGULIER : une douche froide = ELLE
MASCULIN PLURIEL : trois petits oiseaux = ILS
FÉMININ PLURIEL : vos chemises propres = ELLES

Ces mots sont des PRONOMS PERSONNELS (PRONOMS parce qu'ils remplacent des NOMS).

Il existe d'autres PRONOMS PERSONNELS :
JE, TU, ON, NOUS, VOUS.

Quand on utilise les mots JE et TU, c'est pour parler d'une personne (moi, toi) et dire ce qu'elle fait (ou ce qu'elle est). On a donc besoin d'au moins un autre mot :

Je chante. Tu écoutais. Il applaudira. Elle est partie. On a fini.
Nous jouons. Vous dansez. Ils ne mangent pas. Elles rient.

Ces mots (*chanter, écouter, applaudir, partir, jouer, danser, manger, rire, finir*) on les appelle des VERBES.

Le **VERBE** est un mot qu'on trouve avec beaucoup de TERMINAISONS différentes.

« *lave, lavait, laveront, avons lavé, lavez, lavions, laveraient…* »

Quel est ce **VERBE** ? Évidemment, le **VERBE** « laver ».

On dit que « laver » est l'INFINITIF de **VERBE**, c'est sa forme au repos, avant d'être utilisée, sans transformation.

Dans le dictionnaire, les **VERBES** sont écrits à l'INFINITIF.

Pour trouver l'infinitif, on peut dire : « Bientôt, je vais (ou il va…) »

« Bientôt, il va arriver ».

On peut trouver le **VERBE** qui se cache dans la phrase à l'aide de plusieurs techniques :

- On peut envoyer deux mots chasseurs pour capturer le **VERBE**, un de chaque côté. Ces mots sont : NE et PAS. Il suffit de dire la phrase contraire. On dit mettre à la FORME NÉGATIVE.

Le vent **souffle** *dans la montagne.*

Le vent NE **souffle** *PAS dans la montagne.*

Remarque : le seul cas où cela ne marche qu'à moitié, c'est quand le **VERBE** est en deux morceaux : « *Le vent N'**a** PAS **soufflé**.* »

On peut contourner ce problème en changeant le TEMPS du **VERBE**.

*Le vent NE **souffle** PAS.*

- On peut aussi modifier légèrement la phrase pour forcer le **VERBE** à changer sa TERMINAISON. Il y a deux méthodes que nous allons voir plus loin.

Le **VERBE** est un mot d'action. Mais s'il y a une action, il y a généralement un acteur. Dans la phrase, l'auteur de l'action s'appelle le SUJET.

Une phrase permet de parler d'un acteur et de dire son action.

Pour le dire autrement, dans une phrase, il y a un SUJET et un **VERBE**.

À la double question : « Qui fait quoi ? », on peut répondre :
« c'est le : SUJET qui fait l'action **(VERBE)** ».

Le SUJET peut être :

- Un PRONOM PERSONNEL, c'est alors un PPS (PRONOM PERSONNEL SUJET) : « *Il* ***voyage.*** »
- Un NOM PROPRE : « *Ulysse* ***voyage*** ».
- Un GN : « *Le héros grec* ***voyage*** ».

Il existe neuf PRONOMS PERSONNELS SUJETS (PPS)

JE, TU, IL, ELLE, ON, sont des PPS SINGULIERS (une seule personne).
NOUS, VOUS, ILS, ELLES sont PPS PLURIELS.

Pour repérer le SUJET, on a aussi deux techniques:

1) - Soit le SUJET est un des 9 PPS.

   - Soit le SUJET n'est pas un PPS, on peut alors le remplacer par un PPS.

   Malika a gagné la course. → *Elle a gagné la course.*
   Le petit chat de la voisine est sur le toit. → *Il est sur le toit.*

2) Comme le SUJET répond à la question « QUI ? » on peut lui envoyer des mots chasseurs pour le capturer. Il se retrouvera cerné entre : « C'EST……*QUI*».

   C'EST Malika QUI a gagné la course.
   C'EST *le petit chat de la voisine QUI est sur le toit.*

Le **VERBE** subit les changements qu'on fait à une phrase.
- soit quand on change le TEMPS de l'action,
- soit quand on change le SUJET.

Lorsqu'on modifie le TEMPS d'un verbe, on fait de la CONJUGAISON. Conjuguer, c'est modifier les TERMINAISONS sans se tromper.

Lorsqu'on parle, on peut faire une phrase au PASSÉ, au PRÉSENT ou au FUTUR

1) Le PRÉSENT est le temps qui sert à décrire une action présente, en train de se faire au moment où on la raconte.

   Mon père ***est*** *dans le garage.*

2) Le PRÉSENT est aussi utilisé pour décrire des actions habituelles, répétitives ou pour affirmer une vérité.

   Les dimanches, je ne ***travaille*** *pas.*
   La Terre ***tourne*** *autour du Soleil.*

3) Le FUTUR décrit des actions qui auront lieu plus tard, dans l'avenir.

   Tu ***seras*** *riche quand tu* ***auras*** *ce trésor.*

4) Le FUTUR PROCHE est construit avec le VERBE « aller » et l'INFINITIF du VERBE : *Ils* ***vont prendre*** *le train.*

Remarque : c'est un bon moyen de trouver l'INFINITIF.

5) Les TEMPS du PASSÉ servent à raconter des actions qui ont eu lieu avant, qui sont finies.

   *La reine n'****avait*** *jamais* ***eu*** *d'enfants.*
   Ils ***sont partis*** *hier.*

Conjuguer les **VERBES** en français n'est pas facile du tout. Il y a plein de règles et de modèles différents et chaque TEMPS a ses règles et ses exceptions.

Il faut cependant veiller à faire l'accord SUJET-**VERBE**.

Mais il suffit de se rappeler ce qui marche le plus souvent :

SUJET ou PPS = **TU** → TERMINAISON du **VERBE** = « **S** »

SUJET ou PPS = **NOUS** → TERMINAISON du **VERBE** = « **ONS** »

SUJET ou PPS =**VOUS** → TERMINAISON du **VERBE** = « **EZ** »

SUJET ou PPS =**ILS/ELLES** → TERMINAISON du **VERBE** – « **NT** »

Pour repérer le **VERBE** qui se cache dans la phrase, on peut donc aussi modifier le SUJET ou modifier le TEMPS.
Le mot qui voit sa TERMINAISON changer est le **VERBE**.

*Les champignons pouss**ent** dans les bois.*
*Demain, les champignons pousse**ront** dans les bois.*
*Vous, les champignons, vous pouss**ez** dans les bois.*

Remarquez, qu'il suffit d'un mot en début de phrase pour modifier le verbe (*hier, demain, vous, toi…*)

L'IMPARFAIT et le PASSÉ COMPOSÉ sont les deux TEMPS du PASSÉ les plus utilisés.

A L'IMPARFAIT, les terminaisons sont :

AIS, AIS, AIT, IONS, IEZ, AIENT

J'aimais, tu riais, elle dormait, nous courions, vous nagiez, ils dessinaient.

Le PASSÉ COMPOSÉ est un TEMPS qui se compose de deux morceaux, deux verbes.

*<u>Nous</u> **avons trouvé** une statuette.*
*<u>Elle</u> **est retournée** à l'école.*

Le premier **VERBE** est l'aide, on l'appelle l'AUXILLIAIRE (*être* ou *avoir*). Il est au PRÉSENT.
Le second **VERBE** participe aussi, c'est le PARTICIPE PASSÉ.

Pour reconnaître un **VERBE**, on peut s'amuser à le remplacer par un autre **VERBE**. De même, on peut aussi remplacer un NOM par un autre NOM. Même chose pour les ADJECTIFS, ou les DÉTERMINANTS.

*Le **petit** loup a caché des fleurs sous un rocher.*
→*Le <u>gentil</u> loup a caché **des** fleurs sous un rocher.*
→*Le gentil loup a caché <u>ses</u> **fleurs** sous un rocher.*
→*Le gentil **loup** a caché ses <u>larmes</u> sous un rocher.*
→*Le gentil <u>fantôme</u> a caché ses larmes sous un **rocher**.*
→*Le gentil fantôme a caché ses larmes **sous** un <u>drap</u>.*
→*Le gentil fantôme **a caché** ses larmes <u>avec</u> un drap.*
→*Le gentil fantôme <u>a essuyé</u> ses larmes avec un drap.*

D A N V D N D N

L'ORTHOGRAPHE DES MOTS

Il est important de lire cette partie. Elle permet de planter quelques graines qui germeront plus facilement ensuite. **Les mots en gras sont ceux qu'il faut savoir écrire sans faute.** Il faut donc bien les observer, les lire et les relire, les écrire aussi. Essayez de comprendre pourquoi il s'écrit ainsi et quand on ne peut pas l'expliquer facilement, trouvez des associations d'idées.

1) Lettres muettes faciles à trouver

Une lettre muette est une lettre qu'on n'entend pas. Pourtant, on peut la faire parler. Par exemple, si vous dites « un petit garçon … et une petite fille », vous entendez le « t » de petit (dans petite).

A- Grâce à un mot de la même famille, ou à un mot au féminin).

Entraînez-vous à trouver un mot qui permet d'entendre la lettre muette.

		RÉPONSES
vert – fort - chaud		verte – forte/fortement - chaude
interdit – mort - géant		interdite– morte/mortel - géante
ouvert - droit		ouverte/ouverture - droite/droitier
amusant - content		amusante - contente
profond - froid – tard		profonde/profondeur - froide – tarder
rond - lourd		ronde/rondelle – lourde/alourdir
le chocolat - un chat		chocolaterie/chocolaté - chatte/chaton
le bord – sept		border/déborder/bordure - septième -
un robot - le sport		robotique - sportif
un toit - le début un		toiture – débuter/débutant
fruit – l'argent		fruitier – argenté
la nuit - un bruit		nuitée - bruitage
le dos – français		dossier/dossard/adosser – française

Paris - le bois mon bras - trois gros – gris – bas le cor**p**s – un rang le sang – un point le dé_p_art		Parisien – boisé/boiserie/déboiser brassard/brassière – troisième grosse/grossier – grise – basse corporel – une rangée saigner - pointer dé_p_art/partir

Certains mots ont une lettre muette finale, mais il n'est pas toujours facile de trouver un mot de la même famille – parfois, c'est même impossible. Il reste alors une solution.

B. En faisant la liaison.

Exemple : comment entendre le S à la fin de « mais » ?
En disant : « mai_s en_core » ! (on entend « mai**s**encore »)

À vous de trouver des liaisons pour les mots suivants :

après – très - plusieurs - puis - toujours - quelques - tôt – un mot une fois – un bout - moins - trop - le corps

Exemples de liaisons :

aprè_s u_ne nuit, j'ai trè_s en_vie, plusieur_s a_nnées, pui_s un_ jour, il est toujour_s en_ forme, quelque_s u_nes, tô_t ou_ tard, parler mo_t à_ mot, une foi_s en_core, mettre bou_t à_ bout, trois moin_s un_, c'est tro_p a_ffreux, corp_s et_ âme.

Je reconnais que ce n'est pas toujours facile, car tout le monde ne fait pas couramment les liaisons.

Remarque pour les experts
Attention aux liaisons trompeuses. Par exemple, on a tendance à entendre un « t » dans : « **quand** il arriva ». C'est d'autant plus gênant que le mot « quant » existe bien mais seulement dans l'expression « quant à … »

C- <u>Le « e » à la fin des NOMS FÉMININS</u>

Les NOMS FÉMININS se terminent souvent par un E muet. C'est le cas de beaucoup de NOMS en « ée » mais aussi en « ie » et en « ue ».

Des lettres manquent. Complètez ces mots.

une a.....ée - une i.....ée – une ....ée – une p......ée

une é.....ée – la f.....ée – une f.....ée - une d........ée

la r....e – une r.....e - la ....ie – une s......ie – la pl......e

Réponses

une année - une idée – une fée – une poupée
une épée –la fumée – une fusée - une dictée
la rue – une roue - la vie – une sortie – la pluie

2) Comment choisir quand un son peut s'écrire de plusieurs façons?

Le but de cette partie, c'est de vous aider à bien écrire les mots les plus utiles en vous donnant les astuces qui marchent très souvent. Bien sûr, il y a toujours des exceptions, mais c'est ce qu'il faut apprendre en dernier, pas en premier.

MOTS PRÉSENTANT UN PIÈGE FACILE À ÉVITER

- Encore une fois, on peut chercher un mot de la même famille ou mettre le mot au féminin. Cherchez seul comment entendre la lettre en gras :

un an - ma tante - méchant – un poulet – le jardin – un matin – la fin – le chemin – mon cousin – ton voisin - la main – la faim - un dessin

Réponses :

une année - ma tata - méchamment – une poule/poulette
le jardinier – une matinée – finir –cheminer – ma cousine – ta voisine –manuel – affamé - dessiner

- Parfois, il peut être utile (et très intéressant) de connaître ce qui se cache derrière les mots. Pour les jours de la semaine et les mois, on retrouve par exemple des dieux Romains et des planètes.

Lundi, vendredi, janvier, rappellent : Lune, Vénus, Janus.

CHOISIR ENTRE C, QU et K

- Les mots avec la lettre K sont très rares et peu utiles. Il faut en connaître quelques-uns (kimono, karaté, kiwi, kangourou, ticket, kilo…). À part ces mots, il y a peu de chances de rencontrer un mot avec un K. Donc, mon conseil, n'utilisez pas la lettre K.
- En fin de mot (ou de syllabe), c'est le C qu'on utilise généralement :
un parc - avec – sec – un sac - **lecture – octobre**
sauf pour quelques mots (**coq, cinq**)
- Devant un L ou un R, c'est encore la lettre C qu'il faut utiliser : **la classe - mon oncle - croire – mercredi**

Observez ce tableau. Que remarquez-vous?

	C	QU	K
…A	**calme carte cartable calcul**	**quatre**	
…E		**que quel quelques musique chaque**	
…I		**Qui quinze**	**kilo**
…O	**courir cou coupe coûte cour couleur conduire contre raconte corps cousin**	**quoi pourquoi**	
…U	**aucun chacun cuisine calcul**	Piqûre	

- Devant un A, un O et un U on se sert presque toujours de la lettre C (surtout devant ON, OU, AN, UN)
- Devant un E et un I, le C est impossible, on ne rencontre que QU.

Pour résumer

Vous voyez que finalement, il y a peu de chances de se tromper. Le K apparaît dans de rares mots, le Qu devant le E, le I (et quelques A), le C dans tous les autres cas.

CHOISR PARMI : ER, EZ, É, ES

Trouvez les sons é/er/ez/es dans ces deux phrases :

- *Éric va chez ses amis pour jouer.*
- *Vous avez oublié les clés à l'école à côté du café.*

- Les DÉTERMINANTS PLURIELS s'écrivent avec ES : **les, des, mes, ses**
- ER se rencontre à la fin de **VERBES** à l'INFINITIF.
- EZ se rencontre à la fin des **VERBES** qui ont VOUS comme sujet.
- Trois exceptions **nez**, **assez, chez** (pensez à « chez elle »).
- Dans presque tous les autres cas le son « é » s'écrit avec un E, accent aigu.

CHOISIR ENTRE S et Z

On aimerait utiliser le Z puisqu'il est fait pour ce seul son. Mais le Z est très rare, et il faut connaître dans quels mots il apparaît. Les plus utiles sont les nombres :
zéro, onze, douze, treize, quatorze, quinze, seize.

Mais aussi : le zoo, un zèbre, bizarre et quelques autres.

Dans tous les autres cas, il faudra choisir le S :

une rose - une chose - une bise - un oiseau - une chemise - un trésor - un voisin - du poison

CHOISIR ENTRE S et C/Ç

Observez ce tableau :

	S	C
A	**le sable**	**ça**
E	**il passe – une classe**	**la force – la police – celui – une place – foncé – ce – France – cent – une cerise**
I	**aussi – un dessin**	**facile – merci – voici – ici – le cinéma – le ciel**
O	**poisson**	**une façon – un garçon**
U	**sur - une issue**	**un reçu - déçu**

- Devant A, O, U, la lettre **C** prend une cédille. Les mots avec Ç ne sont pas très fréquents ; il faut connaître les plus utiles. Dans les autres cas, il faut écrire SA, SO, SU.
- Dans les mots comme **triste**, le **reste**, seul le S convient.
- Pour SI/CI et pour SE/CE, il n'y a malheureusement pas de règle. Il faut alors recopier les mots que vous rencontrerez en les séparant en 2 colonnes et en choisissant deux couleurs différentes. Votre mémoire visuelle les associera plus facilement s'ils appartiennent un groupe (le club des S / le club des C).

  Vous pouvez faire des illustrations des mots quand c'est possible.

CHOISIR PARMI : O, AU, EAU

Remarque importante :
Il y a deux façons de prononcer la lettre O.

- comme : robot, jaune, beau et tous les mots en AU et EAU.
- mais aussi comme dans « robe ». Il n'est pas possible d'écrire « raube » ni « reaube ».

Ainsi, les mots qui suivent ne peuvent s'écrire qu'avec un O :

- **robe, poche, homme, octobre, école**
- **encore, fort, mort, bord, sport, corps, alors**
- **colle, donne, bonne, pomme**

Certes, selon les régions de France, la distinction n'est pas toujours évidente.

Le choix n'est pas simple entre O, AU et EAU, mais si l'on prend le temps de classer les mots en trois colonnes, on peut faire quelques observations.

O	AU	EAU
judo robot joli os vélo auto métro bravo moto numéro objet kilo chose rose colère côté orange gros euro oreille tôt trop héros mot	**chaud chaussure pauvre autour auto jaune haut épaule saute gauche chauffe mauvais sauve faux**	**morceau eau beau bateau tableau beaucoup chapeau manteau pinceau château gâteau oiseau cadeau peau couteau**

- EAU apparaît toujours en dernière syllabe. Sauf « beaucoup » qui est formé des deux mots « beau » et « coup ».
- AU en revanche, apparaît presque toujours dans la première syllabe. Sauf dans les pluriels des mots en AL : **animaux, chevaux**…

Ces remarques ne permettent pas de choisir dans tous les cas mais elle permettent d'éviter des impossibilités comme AU dans chapeau ou EAU dans chaussure !
CHOISIR ENTRE G et J

Devant les lettres A, O, U, la lettre G ne fait pas le même son que la lettre J. Donc pas de problème.

gâteau, gare, garçon, gauche	**jamais**
légume, figure **bague, longue, guitare**	**jupe, un juge, judo**
il rigole, gorge	**joli, jouet, toujours, joie, joue, bijou**

Pas de difficultés non plus dans les cas suivants :

- Tous les mots avec GR
  un tigre – grosse – grise - grande
- Tous les mots avec GL
  une règle – je glisse - la glace
- Tous les mots se terminant par GE et les mots avec les sons GER et GEN
  un nuage, une image, une page, sage, l'âge,
  je mange, une orange, étrange, rouge, il bouge
  léger, boulanger, gentil, gens
- Les mots utiles où le son GI s'écrivent aussi avec un G
  magique, il imagine, il agite, girafe

Finalement, le problème ne se pose que devant un E. Il est donc indispensable de connaître les mots les plus courants avec JE ; ils ne sont pas très nombreux.
je, objet, jeu, jeter, jeudi, jeune, déjeuner, sujet, adjectif

CHOISIR PARMI : UN IN AIN EIN :

- Les mots avec UN sont très peu nombreux. Les suivants ont déjà été vus. Rappelez-vous.
  un, aucun, chacun, brun, lundi et **parfum**
- Les mots avec EIN ne sont pas fréquents non plus. En voici quatre
  plein, peinture, ceinture, éteindre
- Les mots avec AIN ont souvent un mot de la même famille où le A est entendu. Trouve un lien entre les mots de gauche et ceux de droite :

copain - train – pain – main – bain - nain	manucure/manipuler - compagnon balnéaire/bathroom (anglais) pané – tracteur – nano/nanisme

Réponses

copain/compagnon – train/tracteur – pain/pané – main/manipuler – bain/balnéaire – nain/nano

- Ce qui fait qu'il reste beaucoup de mots avec IN.

Quand le IN est à la fin du mot, le « i » est facile à entendre. Nous l'avons déjà vu. Rappelez-vous.

médecin jardin fin câlin coquin marin dessin poussin cousin voisin matin moulin chemin lapin vin

Pour les autres mots, on peut trouver des correspondances mais moins évidentes.Parfois, ce sont juste des associations.

prince - juin - mince - singe – il pince – linge - cinq	mini - juillet – simiesque – il pique – ligne (fil) – cinco/cinque (en espagnol et italien : on entend le i) primo/(le premier)

Mais ce n'est pas toujours facile : **requin - important**

CHOISIR PARMI : È Ê AI EI ET

- Les mots avec EI sont rares, il suffit d'en connaître quelques-uns :
  treize, seize, reine, neige, une veine.
- Même chose pour les mots avec un Ê, un peu plus nombreux :
  tête, rêve, être, même, arête, bête, fête, tempête.
- ET apparaît en fin de mot.
  secret, jouet, bonnet
- È se rencontre souvent dans les fins de mots en ÈRE :
  père, mère, frère, colère, sorcière, lumière, derrière, dernière, mais aussi : **élève, après, troisième**…
- AI se retrouve dans des mots où il est parfois possible d'entendre le **A**. À vous de faire marcher votre imagination pour trouver une association.

Associez à chaque mot à gauche, un mot à droite.

Maison, j'ai, faire, clair, air, mais, paix, mauvais, aime, palais	j'aurai, amour, pacifique, malgré, clarifier, masure, mal, palace, fabriquer, aérien

Réponses

Maison/masure - j'ai/j'avais - faire/fabriquer - clair/clarifier - air/aérien - mais/malgré - paix/pacifique - mauvais/mal aime/amour - palais/palace

Autre mots avec AI :
aide chaise paire maigre **aile aigle** plaire **semaine laid laisse** fraise

Il y a aussi beaucoup de terminaisons de **VERBES** au passé : je voulais, tu pouvais, il rêvait, elles marchaient – j'arrivai ou au futur avec JE : je partirai – ou au conditionnel : je souhaiterais, tu voudrais, il aurait, elles aimeraient.

MOTS SE TERMINANT EN : ERRE, ETTE, ESSE, ENNE, ELLE

Plusieurs orthographes possibles. Certaines, plus fréquentes dominent. Il faut donc connaître quelques mots (en gras).

Remarque : les mots en ERRE, ETTE, ESSE, ENNE, ELLE ne prennent pas d'accent sur le E.

- Pour les mots en : ère / aire / erre, plusieurs choix :

- rivière… (mots déjà vus plus haut)
- traire, plaire, se taire, affaire, contraire (contrarier), dictionnaire, paire, anniversaire
- **verre**, **terre**, il serre, **pierre**

- Pour les mots en : ette / ête / ète, ETTE domine :

- raquette, allumette, galette, recette, baguette, des **lunettes**, assiette, fourchette, squelette
- mais il y a aussi : fête, bête, tempête, tête (déjà vus plus haut). Dans ces trois cas, il est facile de se rappeler que l'accent circonflexe remplace un S disparu mais qu'on retrouve dans : festif, bestial, intempestif (tester ?)

- Pour les mots en : esse / aisse, ESSE domine

- **maîtresse, princesse, vitesse,** caresse, **adresse, il blesse**
- Mais attention : caisse (case), il laisse, il baisse (bas)

- Pour les mots en : ène/eine/enne/aine, se rappeler de :

- **reine**, **peine**, baleine
- **graine** (granuleux), fontaine, **semaine**, laine

- Pour les mots en èle / aile / elle / el, ELLE et EL dominent

MOTS MASCULINS : un **ciel**, **sel**, **appel**, gel caramel	MOTS FÉMININS **:** une **quelle belle nouvelle**, échelle, pelle, poubelle, rondelle

- Attention **: modèle** (modeler) / **aile**

CHOISIR ENTRE Y et ILL

Les mots avec un Y ne sont pas très nombreux. Voici de quoi s'y retrouver..

- Il faut d'abord se rappeler que le Y (i grec) devrait plutôt s'appeler le « i double ». En effet, en remplaçant le Y par deux « i » dans les mots : **voyage**, **pays**, **crayon**, on obtient : voi-iage – pai-is - crai-ion

À vous de remplacer le Y dans les mots :

moyen, envoyer, essuyer, tuyau, noyau, joyeux, balayer, nettoyer, payer

Réponse

Moi-ien, envoi-ier, essui-ier, tui-iau, noi-iau, joi-ieux, balai-ier, nettoi-ier, pai-ier

- Certains mots ont un Y, qui a le rôle d'un simple « i » :

Yeux, gym, pyjama, cygne, stylo

- mots en « ille » **: fille, famille, bille, gentille**

- autres mots avec « ill » **:** briller, mouiller, surveiller, pareil, **meilleur**, papillon, caillou

- Distinction utile :

Mots Masculin en « il »	**travail** ail	**soleil** sommeil réveil appareil	écureuil fauteuil
Mots Féminins en « ille »	**taille** paille	bouteille **oreille** abeille	**feuille**

CHOISIR ENTRE AN et EN

C'est un choix difficile car il n'est pas simple de trouver des associations pour faire entendre le A. Il y a bien **maman**/mama et **an**/année.
On peut cependant remarquer :

- Pour les mots avec C et G, il n'y a pas le choix. Complète :

un g..nt – les g..ns sont g..ntils. un gé..nt. des c..ntimes. la c..ntine – de l'arg..nt – des c..ndres – déc..mbre

Réponse

un gant – les gens sont gentils - un géant - des centimes - la cantine – de l'argent – des cendres – décembre

- Facile pour les mots commençant par S'EN
  s'endormir, s'envoler
- Facile pour les mots commençant par TRANS,
  transpirer, transporter,
- Facile aussi pour les mots se terminant par MENT
  vêtement, moment, aliment, rapidement, doucement…

Voici deux textes que vous pourrez enrichir avec d'autres mots.
* Celui de Maman Amanda contient des mots avec AN.

Les **grandes vacances** en **France**. **Quarante** ou **cinquante** jours dans la **campagne**, c'est **amusant** et **intéressant**. Quelle **chance** d'être **vivant**. On **chante**, on **danse** autour des **plantes** et des **branches**. **Dimanche**, au **restaurant**, **maman** a **mangé** de la **viande**. Elle s'est tachée avec du **sang**. Elle s'est **changée** dans sa **chambre** : **collant blanc**, et **pantalon orange**. **Maintenant**, elle va **ranger** son **manteau** sur un **banc**. Je me **demande** si elle a froid aux **jambes**. Je reste **devant**, **sans** tirer la **langue**, c'est **important** !

* Celui du Père Legendre avec les mots avec EN

De **septembre** à **novembre**, il y a du **vent**. Mon père **entre** et dit qu'il va **vendre** ses **trente dents**. Tu **entends** ? **Silence**... **Ensuite**, on **attend**. Je **pense** qu'il **ment**. Nous **sentons** que ça n'a pas de **sens**. Je **prends** un air **indifférent**. Il veut **encore** nous **rendre** fous. **Enfin**, il **prend** son inspiration et se tape le **ventre** : « hi, hi, hi ! ».

- Quant au mot **enfant** il a la chance d'avoir EN puis AN !

Voici les mots contenus dans les 54 dictées étudiées.
REMARQUE : si on connaît le piège pour un mot, on sait alors écrire les mots de la même famille (dent-dentiste)

AN	EN
tant que – pourtant – sans	souvent, encore
avant – avancer – devant	le temps, temporaire
dans – quand – durant	la violence, violent, le ventre
un diamant, un savant	un serpent, une envie
méchant, la méchanceté	content, gentil, intelligent
puissant, la puissance	les gens, une dent
grand, grandir	patient, la patience
un éléphant, géant, la langue	tendre, entendre, sentir
une chandelle, un étang	prétendre, rentrer
la vengeance, maintenant	remplir, trembler, sembler
abandonner, transformer	penser, dépenser
manger, lancer, une lance	enlever, entrer, commencer
	mentir, un menteur,
	envoyer, dépenser

CONSONNES DOUBLES

C'est très compliqué. Il m'arrive moi-même de ne pas être sûr. Il existe tellement de règles et d'exceptions qu'il faudrait au moins dix pages pour tenter de les expliquer.

Retenons les mots les plus utiles. Il faut les lire et les relire, les écrire en se les répétant mentalement et les écrire encore.

En gras, les mots indispensables.

- accident, accrocher, allonger, **aller, année, appel,** appareil, appuyer, **apporter, arriver, arrêter, arrière, attendre,** attacher, attraper, attention
- barrer, patte, panne, battre, **ballon, carré, marron,** salle, flamme, frapper, installer
- occuper, **offrir**, coffre, coiffer, **colle,** collier, commande, **commence, comment,** gomme, pomme, **homme,** bonnet, **donne, bonne, personne** ,couronne, botte, **connaître,** sonner
- souffrir, goutte, nourriture, chauffer
- siffler, **ville**, griffe, chiffon,
- **lettre**, **mettre**

Remarque que les consonnes doubles suivent souvent un A ou un O, en particulier quand le A et le O sont la première lettre du mot.

AUTRES MOTS DIFFICILES ET FRÉQUENTS À CONNAÎTRE

- MOTS avec un H

hier, huit, homme, heure, habiter, histoire, haut, héros

- MOTS AVEC PH

Photo, alphabet, téléphone, pharmacie, éléphant, dauphin

- MOTS avec GN

montagne, campagne, signature, gagner, ligne, signe, champignon, araignée, poignet, soigner, accompagner, baigner

attention : on écrit **panier** et **dernier** avec un N.

- MOTS AVEC DES LETTRES MUETTES

alors, **ailleurs**, **maintenant**, **quand**, **mois**, **temps**, **héros**, **dessert**, **pont**, **cent, beaucoup**, loup.

Remarque, la connaissance de CENT permet d'écrire centaine, centième, centime, centimètre.

LA LETTRE X

Elle est étrange et complexe car elle fait des sons différents :

- « S » : **six**, **dix**, **soixante**
- « Z » : **dixième**
- « KS » : **expliquer,** excuser
- « GZ » : **exercice**

X est aussi présent mais muet dans de nombreux mots :

- des NOMS **: voix**, **croix**, **prix, paix**
- des ADJECTIFS en EUX, AUX, OUX : **joyeux**, **heureux**, **vieux**, dangereux, creux, délicieux, curieux, **faux**, **doux,** jaloux, normaux
- des NOMS en EU, AU ou AL au PLURIEL : des **cheveux**, des **yeux**, des **animaux**, des **chevaux,** des journaux, des ciseaux, des gâteaux
- des VERBES je **veux**, tu **peux**
- **mieux, deux**

162 PROVERBES ET PAROLES DE SAGESSE

Voici la liste de mes 162 dictées pour l'étude de l'orthographe et de la grammaire. Elles sont classées par ordre de difficulté. Le nombre derrière l'astérisque indique le nombre de pièges qui sont en gras. Les 54 dictées étudiées dans ce livre sont numérotées. Les 108 restantes doivent être travaillées seul, en suivant la même méthodologie.

Le bâton touche les o**s**. Il ne touche pa**s** le mal. AFRICAIN *2

N° 1 - Le sage ne fera r**ien** av**ec** un sabre en or. CHINOIS *3

Le m**en**teur a di**t** la vérité. On ne **l'a** pas cru. CHINE *3
L'**homme** regarde la fleur. La fleur souri**t**. JAPONAIS *3
Plu**s** on partage, plus on pos**sè**de. Voilà le miracle.USA *3
Le doute **est** le débu**t** de la sag**esse**. FRANÇAIS *4

N° 2 - Tu envoi**es** un sourire. Il rev**ien**dra v**ers** toi. INDIEN *4

N° 3 - Le sage ne parle pas pour r**em**plir le sil**ence**. CHINOIS ? *4

N° 4 - Un ami **est** une route. Un **enn**emi est un mur. CHINOIS *4

N° 5 - Le b**ien** ne f**ait** pas de brui**t**. Le bruit ne fait pas de bien. CHINOIS *4

La véritable amiti**é** ne **gè**le pas **e**n h**iver**. ALLEMAND *5

N° 6 - **Nous** ne ju**ge**ons pas le gr**ain** de poivre à sa ta**ill**e. ARABE *5

Préfér**ez**-vous le plu**s** b**eau** chem**in** ou le plus cour**t** ? ANGLAIS *5
Tu ne p**en**s**es** pas toi-m**ê**me don**c** tu ne penses pas du tou**t**. *5
Son li**t** **e**n or ne soula**geait** pas le malade. FRANÇAIS (Alsace) *5
Si tu pardo**nnes** au rena**rd** le vol de la poule, il **t'en**l**è**vera le mouton. GEORGIEN *5
Vous ne couper**ez** pas la corde **que** vous pouv**ez** dénou**er**. ANGLAIS *5

N° 7 - Av**ec** le bâton, le bon **est** devenu méch**ant** **et** le méchant est devenu pire. ESPAGNOL *5

N° 8 - **Elle** co**r**rige son fi**l**s **car** elle l'**ai**me. CHINOIS *6

L'ar**ge**nt **n'**ach**è**tera pas le bon**h**eur. ANGLAIS *6
Dev**ant** un **es**pr**i**t sour**d**, je rester**ai** mu**et**. FRANÇAIS *6
Un ch**ien** abo**ie** **et** tou**s** les chien**s** abo**ient**. CHINOIS *6

N° 9 - Tu a**s** r**ai**son. Alor**s**, pour**qu**oi élève**s**-tu la voi**x** ? CHINOIS *6

N° 10 - La col**è**re **est** une fol**ie** **tem**por**ai**re. ROMAIN *6

N° 11 - Tou**s** les nuage**s** **n'app**orte**nt** pas la plu**ie**. PAYS-BAS *6

L'arbre ne to**m**be pas **au** prem**ier** cou**p** de **h**ache. DANOIS *6

N° 12 - Les ch**iens** abo**ient**. La monta**gn**e ne tr**em**ble pas. MALAIS *6

La fi**gue** ne to**m**bera jam**ais** juste d**ans** votre bouche. KABYLE *6

N° 13 - Nous ne sorton**s** pas sav**ants** du v**en**tre de notre m**è**re. ARABE *6

Elle av**ait** perdu le sourire **alors** je lui **ai** do**nn**é le mien. CHINOIS *6

N° 14 - Tu di**s** ton secr**et** à un ami, m**ais** ton ami a **aus**s**i** un ami. TURC *6

N° 15 - Il ne regard**ait** ni l'**h**abi**t**, ni le cheval. Il regardait le **cœur**. TURC *6

N° 16 - Tu récoltera**s** **ce que** tu a**s** semé. Voilà la loi de l'univ**ers**. PERSAN *6

Le mal**h**eur **est** **en**tré par la porte **que** vou**s** av**ez** ouverte. CHINOIS *6

N° 17 - Tro**p** **ten**dre, **on** vous pr**ess**era. Trop s**ec**, on vous ca**ss**era. ARABE *6

N° 18 - Si tu as un diamant dans le cœur, il brillera sur ton visage. INDIEN *6

Si tu n'avances pas chaque jour, tu reculeras chaque jour. CHINOIS *6
Mille personnes cheminent. Une personne marche en tête. CHINOIS *6
Les épines de la rose ne piqueront pas si nous ne la touchons pas. CHINOIS *6
Le loup trouvera toujours une bonne raison pour tuer les moutons. ALLEMAND *6

N° 19 - Petit à petit, l'oiseau fait son nid. FRANÇAIS *7

Je suis allé trop vite. Je n'ai pas bien fait. ANGLAIS *7
Il voulait me mettre en colère. Il a gagné. ALGERIE *7
Parfois la tige pliait. Jamais elle ne cassait. FRANÇAIS *7
Tu es à terre ? Tu ne tomberas pas plus bas ! CHINOIS *7

N° 20 - Je crois au soleil même quand il ne brille pas. GRAFFITI dans un camp de prisonniers *7

En forgeant, nous deviendrons des forgerons. FRANÇAIS *7
Je voulais avoir un ami. J'ai décidé d'en être un. AMERICAIN *7
Même cet arbre géant est né d'une petite graine. CHINOIS *7

N° 21 - La violence a perdu. La douceur a été plus habile. FRANÇAIS *7

Si tu n'as pas ce que tu aimes, aime ce que tu as. FRANÇAIS *7

N° 22 - Une main douce dirige l'éléphant avec un cheveu. PERSAN *7

Une seule abeille ne récolte pas beaucoup de miel. RUSSE *7
Le petit feu est un ami. Le grand feu est un ennemi. MALAIS *7
Ils n'ont pas de loi et vivent comme des bêtes brutes. FRANÇAIS *7
Elle avait un beau visage, mais la colère le défigurait. CHINOIS *7
Même avec une peau d'agneau, le loup reste un loup. CHINOIS *7
Dans l'eau calme, des crocodiles se cachent peut-être. MALAIS *7
Elle parle toujours de cuire riz, mais elle ne le fait pas. CHINOIS *7

N° 23 - Les fleur**s** pous**sent** sur les rive**s** de la riv**iè**re tr**an**qui**ll**e. CHINOIS *7

Si vous surv**eillez** la cas**s**erole, elle ne déborder**a** jam**ais**. FRANÇAIS *7
La polit**esse** **est** une cl**é** **d'**or **qui** ouvre toute**s** les porte**s**. TUNISIEN *7
Celui **qui** a peur des lou**ps** ne profitera jam**ais** de la for**êt**. RUSSE *7
Quand le doi**gt** montre la lune, **l'im**bé**c**ile regarde le doigt. CHINOIS *7

N° 24 - **L'h**o**mm**e sage continu**e** toujour**s** de cherch**er** la sag**esse**. ARABE *7

N° 25 - La **g**irafe **est** sage. Elle voi**t** loin **et** elle ne f**ait** pas de brui**t**. AFRIQUE (Tanzanie) *7

Vous pouv**ez** vous tro**mper**, m**ais** vous dev**ez** vous co**rriger**. CHINOIS *7
Même **dans** une cage **en** or, le ros**sign**ol regr**ett**e son arbre. *7
Si tu l**aisses** f**ai**re le pou, il te dévorera b**ien**t**ô**t toute la t**ê**te. INDIEN *7
Co**mm**e elle a un gro**s** **nez**, elle p**en**se **que** tou**t** le monde **en** parle. ECOSSAIS *7
Tu a**s** écha**ppé** **au** crocodile, **mais** un léopar**d** **t'**o**b**serve sur la rive. AFRICAIN *7
Il **a** voulu retenir le te**mps**. **Elle** a voulu retenir la maré**e**. Inutilemen**t**. IRLANDAIS *7
Si vous regard**ez** tro**p** les é**toiles**, vous risqu**ez** de perdre votre chem**in**. DANOIS *7
Si on nous écoute, nous so**mmes** cont**ents**. Si on ne nous écoute pas, nous sommes **en**core contents. CHINOIS *7

N° 26 - **J'ai** trouvé le sa**c** des **en**vies. Il **n'a** pas de fon**d**. JAPONAIS *8

Les chose**s** **qui** br**ill**ent ne son**t** pas toujour**s** **en** or. FRANÇAIS *8
Il**s** arrach**ent** la p**eau** du lion mor**t**. Son**t-i**l**s** brave**s** ? TURC *8

N° 27 - Elle **a** voulu fui**r** la fum**ée**. Elle **s'est** jet**ée** **dans** le f**eu**. TURC *8

Je ne ram**asse** pas les fleur**s** **où** les **ser**p**ents** gli**ssent**. ARABE*8
Je f**ais** du spor**t** pour mon cor**ps**. Pour mon **es**prit, je li**s**. ANGLAIS *8

Elle**s** ne coupe**nt** pas **l'**arbre **qui leur** do**nn**e de **l'**o**m**bre. ARABE *8
L'homme seul ne pou**rr**a pas m**ett**re le bat**eau** à la **mer**. AFRICAIN (Kenya) *8
Il ne voul**ait** pas **enten**dre. Il ét**ait** plu**s** sour**d qu'un** sourd. FRANÇAIS *8
Je ne garde jam**ais** tou**s** me**s œufs dans** le même pan**ier**. FRANÇAIS *8
Pour **l'homme** vi**eux**, cha**que** co**ll**ine **est** une monta**gn**e. JUIF *8

N° 28 - Les fleur**s** on**t** leur parfu**m**. Le**s h**o**mmes** ont la polit**esse**. INDE*8

Les poisson**s** son**t en**core dans la m**er et** tu les v**ends** déjà ! TURC *8
Si vous ri**ez** avec les mo**queurs**, vou**s ê**tes **auss**i coupable**s**. *8
Tu sera**s seul** si tu construi**s** des mur**s** plutô**t que** des pon**ts**. *8
Je te montrer**ai** le chem**in**, **mais** je **n'av**a**ncerai** pas à ta pla**ce**. INCONNU *8
Même si vou**s a**v**ez rais**on, des **gens** seron**t** toujour**s** contre vous. INCONNU *8

N° 29 - Je reco**nnais l'a**rbre à son frui**t**. Je reconnais l'**homme** à **ses** acte**s**. GREC *8

N° 30 - Si je domine le**s au**tres, je sui**s** fo**r**t. Si je me domine, je suis pui**ssant**. CHINOIS *8

Lor**sque** je pren**ais** un bâton pour a**ppeler** mon chien, il ne ven**ait** pas. CHINOIS *8
Si tu parle**s sans a**gir, tu sera**s** co**mm**e une fleur coloré**e** sans parf**um**. INDIEN*8
Si je sui**s** un **seign**eur **et** si tu **es** un seigneur, **qui** gardera les vache**s** ? LITUANIEN *8
La **jeu**ne **fille** a oublié une petite fla**mme**. Un gr**and feu** a brûlé la m**ais**on. CHINOIS *8

N° 31 - Si vous march**ez** tro**p** vite, vous pa**ss**er**ez** à **côté** de beau**coup** de chose**s**. *8

Pourquoi avez-vous échoué ? Vous avez abandonné avant d'avoir réussi ! FRANÇAIS *8
Tu veux faire, tu trouves un moyen. Tu ne veux rien faire, tu trouves une excuse. ARABE *8
Les petits ruisseaux font les grandes rivières. FRANÇAIS *9
Les plus belles pommes sont parfois amères. ITALIEN *9

N° 32 - Tu n'éteindras pas un incendie avec des paroles. ARMENIEN*9

Pendant que le chien se gratte, le lièvre s'échappe. FRANÇAIS *9
Il cherchait un ami sans défaut. Il est resté sans ami. TURC *9

33 - Il a noyé son chien ! Il prétendait qu'il avait la rage. FRANÇAIS*9

N° 34 - Elle vivait au milieu des roses. Elle en a pris le parfum. PERSAN *9

Des mauvaises paroles ont fait plus de mal qu'une lame. CHINOIS*9

N° 35 - Vous maudissez les pierres mais elles font partie du chemin. ROUMAIN *9

Si tu soignes bien ton jardin, tu n'envieras pas celui du voisin. GREC *9

N° 36 - Dans une eau souvent agitée, les poissons grandissent mal. CHINOIS *9

N° 37 - Elle avait le cœur content. Pour elle, chaque jour était une fête. HEBREUX *9

Il donnait des coups d'épée dans l'eau. Elle continuait de couler. CHINOIS *9

N° 38 - Nous ne chasserons pas les poux en sautant dans tous les sens. AFRICAIN *9

Nous ne pouvons pas effacer les traces de nos pas dans la neige. CHINOIS *9

Ton sac est lourd. Mais si tu aimes le porter, tu ne le sentiras pas. RUSSE *9
Tu peux acheter l'outil. Tu ne pourras pas acheter le savoir-faire. CHINOIS *9
Vous portez ces chaussures. Vous seul savez où elles vous blessent. ANGLAIS *9

N° 39 - Je transformerai les obstacles sur mon chemin en marches d'escalier. *9

N° 40 - Il menait son cheval à la rivière, mais il ne pouvait pas le forcer à boire. ANGLAIS *9

Le prince pleurait dans son palais. Il est venu dans ma cabane pour rire. CHINOIS *9
Je me suis brûlé la langue. Je n'oublierai plus de souffler sur ma soupe. JAPONAIS *9
Un aveugle conduisait un aveugle. Les deux aveugles sont tombés dans le fossé. *9
L'eau ne reste pas sur la montagne. La vengeance ne reste pas dans un grand cœur. CHINOIS*9

N° 41 - La joie est en tout, il faut savoir l'extraire. CHINOIS *10

J'allais avec les loups. J'ai appris à hurler. ESPAGNOL*10
Tu as gagné sans effort. De quoi es-tu si fier ? FRANÇAIS *10

N° 42 - Nous rentrons notre foin tant que le soleil brille. ESPAGNOL *10

L'eau paraissait moins froide quand on nageait. INCONNU *10
Tu ne feras pas aux autres ce que tu n'aimes pas. REGLE D'OR *10
Le sage réfléchit avant d'agir. Après c'est trop tard. ARABE *10
Cet homme voulait du poisson. Je lui ai appris à pêcher. CHINOIS *10
Je préfère un euro maintenant que deux euros plus tard. FRANÇAIS *10
On ne peut pas porter deux pastèques dans une seule main. PERSAN *10

N° 43 - **Aucun** chemin ne semble trop long avec un ami à **ses** côtés. CHINOIS *10

N° 44 - Une baguette **est** fragile. Dix baguettes sont dures comme le fer. CHINOIS *10

Nous prenons soin de nos outils. **Ce n'est** jamais du temps perdu. ANGLAIS *10

N° 45 - Un matin, le pain **est** tombé du **ciel**, **mais** je me suis levé trop tard. CHINOIS *10

N° 46 - Vous parlez **sans** penser comme certains hommes tirent sans viser. ESPAGNOL*10

N° 47 - Partirez-vous **en** mer durant la tempête ? Agirons-nous dans la colère ? FRANÇAIS *10

Quand vous boirez l'eau du puits, **n'ou**bliez pas **l'homme** qui **l'a** creusé. CHINOIS *10
Depuis **que** nous **n'é**coutons plus **ses** méchancetés, elle **n'en** dit plus. CHINOIS*10
Les fruits mûrs tomberont seuls si vous êtes patients. CHINOIS *11
Il chassait d**eux** lièvres à la fois. Il **n'en** a attrapé **aucun**. ALLEMAND *11

N° 48 - Je me rappelle les **gentilles** paroles. J'oublie les injures. CHINOIS *11

N° 49 - L'homme **intelligent** arrive à faire du pain avec une pierre. KURDE *11

Ses parents lui ont donné trop de sucre. Il a gâté **ses dents**. ALLEMAND *11

N° 50 - Nous maudissons **l'obscurité**. Allumons plutôt une chandelle. CHINOIS*11

Nous avons attendu. Avec le temps, l'herbe est devenue du lait. CHINOIS *11

N° 51 - Le coeur est un étang. Quand rien ne l'agite, la boue reste au fond. CHINOIS *11

Si tu t'installes sur deux chaises à la fois, tu tomberas entre les deux. ALLEMAND *11

N° 52 - Mon frère fait l'âne et il s'étonne quand les autres lui montent dessus. CHINOIS *11

N° 53 - Ils ont attrapé les oiseaux par les pattes. Ils attraperont les hommes avec des paroles. ITALIEN*11

Sur la route, il y aura des épines. Mais si vous regardez en haut, vous verrez des roses.*11
Nous nous dépensons, nous mangeons peu, nous dormons bien. Nous verrons peu le médecin. *11
Il est tombé. Il s'est relevé. Il est aussi haut qu'avant. ESPAGNOL *12
Tu regardes trop les eaux sales. Tu laisseras passer les eaux claires. CHINOIS *12
Elles ont gravi cette montagne. Pourtant, au début, elles étaient en bas. CHINOIS *12

N° 54 - Un homme avait une lance sur l'épaule. Il n'était pas le plus courageux. AFRICAIN *12

Notre voyage faisait mille mètres. Nous avons commencé par le premier. CHINOIS *12
Pour connaître le chemin, elle interrogeait les gens qui en venaient. CHINOIS *13
J'ai décidé d'être heureux parce que cette habitude est bonne pour la santé. FRANÇAIS *13

STATISTIQUES

Nombre de proverbes par pays

CHINE : 49 - FRANCE : 21 – ARABE : 10
ANGLETERRE : 8 - AFRICAIN : 6 – TURC : 6 - ALLEMAGNE : 5
ESPAGNE : 5 – PERSE : 4 – MALAISIE : 3 – INDE : 5 – JAPON : 3
RUSSIE : 3 - ITALIE : 2 – DANEMARK : 2 - GRECE : 2…

Voici le nombre d'occurrence de tous les mots rencontrés dans les 162 dictées.

SUJETS : PRONOMS PERSONNELS SUJETS et G.N.
JE(J') : 27 fois – TU : 35 fois – IL : 25 fois – ELLE : 17 fois – ON : 7 fois - NOUS : 14 fois – VOUS : 23 fois – ILS : 4 fois – ELLES : 4 fois
G.N. = IL : 47 fois – G.N.= ELLE : 25 fois
G.N.= ILS : 18 fois – G.N.= ELLES : 8 fois

DÉTERMINANTS rencontrés (et nombre d'occurrences)
UN(26) – UNE(21) – LE(46) – LA(49) – L'(26) - LES(31) – DES(17)
MA(2) – MON(4) – MES(1) – TA(1) – TON 4) – SON (7) – SA(1) – SES(5) – NOTRE(3) – VOTRE(2) – NOS(2) – LEUR(1) - CE(1) – CET(2) – CETTE(2) – CES(1) – DEUX (5) – DIX(1) – MILLE(2) – AUCUN(2) – CHAQUE(3) – CERTAINS(1) – TOUS (3) – EN(8) – DE(11) – DU(12) – AU(7)

Pronoms rencontrés (et nombre d'occurrences)
LE(5) – LA (2) – LES(1) L'(6) – LUI(4) – CELUI(2) – LEUR (2) – NOUS(1) – VOUS(2) – ME(2) – TE/T'(4) – Y(1) – EN(9) – TOUS(1) – TOUTE(1) – TOUTES(1) – LE MIEN(1)

MOTS INVARIABLES rencontrés (et nombre d'occurrences)
à(15) - ainsi(1) – alors(2) - après(1) - aussi(3) – avant(3) – avec(9) - beaucoup(2) – bientôt(1) - car(1) – comme(5) - contre(1) - dans(15) – de+d'(15) - déjà(1) – depuis(1) - dessus(1) – devant(1) – donc(1) - durant(1) – en3) - encore(1) – entre(1) - jamais(7) – juste(1) - loin(1) - lorsque(1) – mais(11) - même(7) – moins(1) – ne…pas(49) - ni(1) – ou(1) - où(2) - parce que(1) – par(3) - parfois(2) – pendant(1) - peu(1) – peut-être(1) - pire(1) – plus(14) – plutôt(2) - pour(8) – pourtant(1) - pourquoi(3) - qu'(2) – que(10) – qui(7) - quand(5) – rien(2) - sans(5) – si(18) - souvent(1) - sur(8) – tant(1) – tard(3) - toi(1) toujours(4) – tout(1) - trop(9) – vers(1)- vite(2) – voilà(2)

ADJECTIFS rencontrés (et nombre d'occurrences)
amères – bas – beau(2) – belles – bon – bonne(2) – braves - brutes – calme - claires - colorée – contents - coupable – courageux – court – douce - dures – fier – fort - fragile – froides -géant – grand(3) – grandes - gros – habile - haut – heureux - intelligent - jeune – long – lourd - mauvaise – méchant - mort - muet – mûrs – patients – petit(2) – petite(2) – petits – puissant – sage(2) – sales - savant - sec – seul(2) – seule(2) – seuls – sourd(2) – tendre – temporaire – tranquille – véritable – vieux

NOMS COMMUNS rencontrés (et nombre d'occurrences)
abeille - acte - ami(6) – amitié - âne – arbre(5) – argent - autres(3) – aveugle - baguette - bas - bateau - bâton(3) – bête - bien(3) - bonheur – bouche - boue - bruit(2) – cabane – cage - casserole – chaise - chandelle – chaussure - chemin(7) – cheval(2) – cheveu - chien(6) – chose(2) – ciel – clé - colline - cœur(5) – colère(4) – corde - corps – côté(2) – coup(2) – crocodile – début(2) - défaut – douceur – doute - eau(5) – étang – dent - diamant – doigt – eau - effort - ennemi(2) – envie – éléphant - épaule –épine(2) - escalier - esprit(2) - étoile – euro – excuse - fer – fête - feu(3) – figue – fille - fils – flamme - fleur(5) – fois(2) foin - folie - fond(2) - forêt forgeron - - fossé - frère - fruit(2) – fumée -

gens(2) –gentillesse - girafe - grain – graine - habit – habitude – hache - haut – herbe - hiver - homme(12) – imbécile - incendie – injure – jardin - joie – jour(2) – lait - lame – lance – langue - léopard - lièvre(2) – lion - lit – loi(2) - loup(4) – lune - main(2) – maison - mal(3) – malade – malheur – marche – marée - matin - mer(2) – méchanceté – médecin – menteur - mère - mètre - miel – milieu – miracle - monde - montagne(4) - moqueur - mouton(3) – moyen - mur(2) – neige - nez - nid - nuage - ombre – obscurité – obstacle – œuf - oiseau(2) – or(4) – os – outil(2) – pain(2) - palais – panier - parent - parfum(3) - parole(3) – partie – pas - pastèque – patte – peau(2) - personne – pierre(2) – place - pluie – poisson(3) - poivre – politesse(2) – pomme - pont – porte(2) – pou(2) - poule – premier(2) - prince - puits - rage - raison(3) - renard – rive(2) - rivière(3) - riz – rose(2) – rossignol - route(2) – ruisseau - sac(2) - sage(3) – sagesse(2) – santé - secret – seigneur – sens – serpent - silence – soin - soleil(2) – soupe – sourire(2) - sport - sucre - taille – tempête – temps(3) - terre – tête(2) – trace - univers - vache – vengeance – ventre – vérité - violence – visage(2) – voisin - voix – vol – voyage

VERBES (conjugués : 154 au présent ; 55 au futur ; 46 au passé composé ; 32 à l'imparfait ; 40 à l'infinitif)

a(3) – avez abandonné - achètera -aboie – aboient(2) - acheter - agir – agirons - agite - *agité* – aime – aimes(3) – allais– suis allé - a attrapé - allumons - appeler – apportent - ai appris(2) – arrachent - arrive– as(3) - avons attendu – attraperont – ont attrapé – aura – avais –avait - avancerai - avances – avez – avoir(2) - – blessent boire – boirez - brille(3) – brillent - brillera - a brûlé - suis brûlé –se cachent – cassait – cassera - chassait – chasserons - cheminent – cherchait - chercher – connaître – construis - continuait - continue – corrige - corriger - couler – coupent – couperez – a creusé - crois - a cru – cuire – débordera - ai décidé – défigurait– dénouer – dépensons– est devenue - est devenue - deviendrons – dévorera – devrez – dirige – dis - disait – dit –a dit - domine - donnait - ai donné – ont donné– dormons - s'échappe- as échappé – avez échoué – écoute – écoutons - effacer –élèves - enlèvera – entendre – est entré - envieras - envoies –es(3) - est(15) – était(3) –

étaient – a été – éteindras - êtes(2) - s'étonne - être(2) – extraire – faire(3) – fais - fait(4) – ai fait - ont fait – faut - fera(2) – feras – font(2) – forcer – fuir – a gagné – as gagné– garde - garder – gardera - a gâté - glissent –grandiront – se gratte - ont gravi - hurler – installes – interrogeait - s'est jeté – jugeons – laisseras – laisses - suis levé– lis - mangeons – marche – marchez - maudissez – maudissons - menait – mettre(2) – montre – montrent – montrerai - nageait –est né - a noyé observe – ont(2) - oublie - a oublié - oublierai –avez ouvert - ouvre – paraissait – pardonnes – parles(4) – parlez - partage –partirez– passer – passerez – pêcher - penser – penses - perdre – a perdu – *avait perdu*– peut – peux - piqueront - pleurait - pliait– porter(2) – portez – possède – pourra - pourras – poussent - pouvait– pouvez(2) – pouvons - préfère – préférez - prenais –prenons - pressera – prétendait - a pris – profitera - ramasse – rappelle – récolte - récolteras– reconnais - reculeras - réfléchit - regardait - regarde(2) – regardes – regardez - regardez – regrette - s'est relevé remplir rentreront reste(3) - resterai - est resté- retenir avoir réussi –reviendra - riez - rire – risquez - *sautant* – savez - savoir(2) – semble – a semé - sentiras - seras(2) - seront – soignes – sommes - sont(5) - sortons - souffler – soulageait – sourit - suis(2) - surveillez – tirent - tombe – tombera(2) – tomberas – tomberont – est tombé(2) – sont tombés– touche – touchons – transformerai – tremble - tromper - trouvera - trouves – ai trouvé - tuer – venait – venaient - vends - est venu - verrez – verrons – veux –viser – vivait – vivent – voit - voulais - voulait- a voulu(2)

SOMMAIRE

PARIS 20

Août 2021

www.ingramcontent.com/pod-product-compliance
Ingram Content Group UK Ltd.
Pitfield, Milton Keynes, MK11 3LW, UK
UKHW041639190726
13854UKWH00006B/2579